Leonel Nossa Ortiz
Mario Dustano Contreras Castro

JavaScript

Leonel Nossa Ortiz
Mario Dustano Contreras Castro

JavaScript

Apuntes de clase

Editorial Académica Española

Publisher:
Editorial Académica Española
is a trademark of
International Book Market Service Ltd., member of OmniScriptum Publishing Group
17 Meldrum Street, Beau Bassin 71504, Mauritius

Printed at: see last page
ISBN: 978-620-0-33320-9

JavaScript
Apuntes de clase

Ing. Leonel Nossa Ortiz, PhD.
Leonelnossased@gmail.com

Con la colaboración del
Ing. Mario Dustano Contreras Castro, MSc.

ACTUALIZACION
Bogota, enero 2019

TABLA DE CONTENIDO

INICIANDO

Java es un lenguaje de programación (Python y C++) que fue desarrollado por la empresa **Sun** fundamentalmente para crear aplicaciones para Internet. El lenguaje Java es completo, es decir permite realizar cualquier operación sobre el computador (como por ejemplo borrar un archivo) y su aprendizaje es costoso.

JavaScript es lo que se conoce como **lenguaje script**, es decir: se trata de código de programación que se inserta dentro de un documento. JavaScript fue desarrollado por la empresa **Netscape** con la idea de potenciar la creación de páginas Web dinámicas para su navegador **Navigator.**

JavaScript (en contra de lo que se podría suponer) es totalmente distinto de Java. Java crea programas totalmente independientes y operativos; JavaScript es más sencillo porque lo único que permite es insertar código especial dentro del HTML de una página, su función es ampliar las posibilidades de HTML. JavaScript no crea programas independientes, dependen por completo del código HTML de la página.

El código en Java se debe compilar (convertir en instrucciones del computador) y entonces podrá ser utilizado por los navegadores (son las famosas **applets**). Sin embargo, JavaScript es interpretado directamente por el navegador; de hecho, el código JavaScript se incrusta dentro del código HTML de la página.

Java no puede acceder a los elementos HTML de una página (ya que su funcionalidad es mucho mayor) sin embargo JavaScript necesita acceder a ellos, de otro modo no tendría sentido su uso.

La ventaja fundamental de JavaScript es que su aprendizaje y uso son muy sencillos y que permite realizar labores complejas en una página sin necesidad de aprender CGI.

Inclusión de JavaScript en html

Para hacer que un documento HTML incluya instrucciones en JavaScript se debe hacer uso de la etiqueta **<SCRIPT>** de esta forma:

```
<script>
código JavaScript
</script>
```

La etiqueta **<SCRIPT>** deben colocarse entre las etiquetas <HEAD>…</HEAD> o entre <BODY>…</BODY> de una página HTML como ilustra el siguiente ejemplo:

```
<html>
<head>
<title> Ejemplo del Objeto Alumno</title>
<script>
function mostrarPropiedades(objeto, nombreObjeto)
{
}
</script>
</head>
<body>
<script>
var Alumno = new Object(),
 codigo = Math.random(),
 fecha= new Date();
</script>
</body>
</html>
```

Uso de un Archivo Externo

También se puede utilizar el código JavaScript escrito en un archivo separado. Este archivo debe tener la extensión **js.** En el archivo se coloca sólo código en JavaScript. Después ese código se puede invocar desde la página web con el código:

```
<script src = "archivo.js">
```

Compilador/Editor a Utilizarse.

Free JavaScript Editor 4.2 4.7.2.7 Review
Free JavaScript editor for JavaScript, DHTML and Ajax developers!

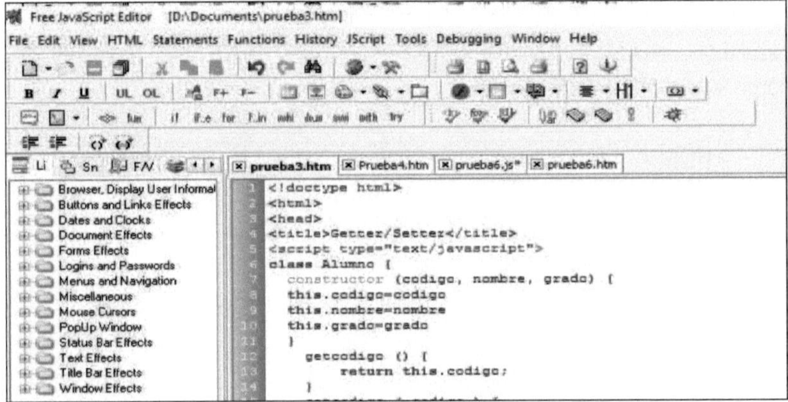

CAPITULO 1. GRAMATICA LENGUAJE JAVASCRIPT

ANTECEDENTES

Para describir la gramática del lenguaje JavaScript se utilizará la Forma Backus Neur (BNF). Los Autores de este libro utilizan las siguientes formas:

> **< > Elemento No Terminal – Compuesto de ó define**
> **: - Se Define como ó compuesto de**
> **… Sucesión**
> **( ) Agrupa**
> $\int_{min}^{max}$ **Indica cantidad Mínima y máxima de Elementos**

NATURALEZA DE LOS SIMBOLOS

JavaScript define los símbolos de naturaleza:

<símbolos>:- <letras> <dígitos> <operadores><blanco>

<letras>:- <mayúsculas> <minúsculas>

<dígitos>:-0…9

<operadores>: - <aritméticos> <lógicos> <relación> <bloques> <agrupación> <puntuación> <literal>

SIMBOLOS	NATURALEZA
A…Z	<mayúsculas>
a…z	<minúsculas>
0…9	<dígitos>
+ - * /%	<aritméticos >
&	(Alt 124)	<lógicos>
> < =	<relación>
{ }	<bloques>
( ) [ ]	<agrupación>
, ; .	<puntuación>
" '	<literal>

	<blanco>

TOKENS: REGLAS (BNF)

Token: Se define como una colección de símbolos de igual naturaleza.

Los Token se pueden definir de naturaleza:

<Token>:- <Operadores><Operandos>

<operadores>:- ><relación><lógicos><aritméticos<literal>

<Relación>:- < > == (igual) <= >= != (diferente)
<Lógicos >:- || (or) && (and) ! (negación)

Ejemplo: i<=a && j!=k || k==z

<Aritméticos>:- <únicos> <dobles>
<Aritméticos únicos>:- + - * / % (residuo)
<Aritméticos dobles>:- <prefijo> <infijo> <postfijos>
<prefijo>:- ++ (incremento) -- (decremento)

Ejemplo: ++i que es i=i+1

<infijo>:- += -= *= /=

Ejemplo: a+=b que es a=a+b

<postfijo>:- ++ (incremento)
    -- (decremento)

Ejemplo: i++ que es i=i+1

<Literal>:-<char><cadena>
<char>:- '<símbolo>'

Ejemplo: 'a'

$$\text{<cadena>:-"} \int_{1}^{256} \text{<símbolo> "}$$

Ejemplo: "casa"

<operandos>:- <variable> <objeto>< reservada> < clase>< método><numero>

<todo minúscula>:- $\int_{2} < \min usculas >$ Ejemplo: static

<titulada>:- <mayúscula> <todo minúscula> Ejemplo: String

<nombre variable>: - <letra> $\int_{0} < letra >$ Ejemplo: a

<nombre objeto>: - <letra> $\int_{0} < letra >$ Ejemplo: Cliente

<nombre método>: - <todo minúscula> $\int_{1} < titulada >$ Ejemplo: IndexOf

<nombre clase>: - $\int_{1} < titulada >$ Ejemplo: StringTokenizer

<numero>:- <entero> <real>

<numero entero>:- $\int_{1} < digito >$ Ejemplo: 9

<numero real>:- <numero entero> . <numero entero> Ejemplo: 3.1416

<nombre reservado>: - <todo minúscula>

Normas a tener en cuenta cuando se escribe código JavaScript

- Los comentarios deben empezar con el símbolo // si son de una sola línea o iniciarse con los símbolos /* y finalizar con */ si son de varias líneas.
- Las líneas de código terminan con el signo de punto y coma (;)
- JavaScript distingue entre mayúsculas y minúsculas

- Las llaves ({ y }) permiten agrupar código.

SINTAXIS DE JAVASCRIPT

VARIABLES

Una variable es un elemento que tiene un determinado nombre y que permite almacenar valores.

Nombre de las variables

Deben empezar con una letra la cual puede ir seguida de números, el signo "_" o más letras.

Valores

Los valores que pueden asignarse a una variable pueden ser:

Cadenas de texto: "esto es una prueba", 'prueba' o "esto es una 'prueba' de código". Siempre se encierran entre comillas dobles o simples. Una variable de texto que no tiene contenido, se dice que tiene valor null. La palabra null es un término reconocido por JavaScript.

> **Valores numéricos: 1, -100, 1.6, 2.0E2.**
> **Valores booleanos: true o false.**

Caracteres especiales

Los valores de tipo texto van entre comillas y dentro de ellos se pueden colocar caracteres especiales (caracteres que no se pueden ver, como el cambio de línea) los cuales son:

> **\a: Alarma**
> **\b: Retroceso (cursor una posición hacia atrás).**
> **\f: Nueva página de impresora**
> **\n: Nueva línea**

\r: **Retorno de carro**
\t: **Tabulador**
\\: **Signo "\"**

Declaración de una variable

Para declarar una variable se puede emplear la cláusula var asi:

```
var variable = valor;
     o simplemente:
variable = valor;
```

De tal modo, que realmente en JavaScript no hace falta declarar una variable antes de su uso. Ejemplos:

```
var codigo = 0;
ciudad = "Cali"; SeleccionarColor = true;
```

JavaScript permite que una variable pueda almacenar distintos tipos de datos en cada trozo de código. Es decir, una variable que ahora almaceno texto (string), después puede almacenar números.

Tras declarar la variable, su valor puede cambiar mediante la asignación de un valor:

```
var codigo = 0;
codigo="123";
```

OPERADORES

Los operadores son los elementos que permiten realizar operaciones con los datos del código JavaScript (JS)

Operadores aritméticos

Operador	Significado
+	Suma
-	Resta
*	Multiplicación
/	Dividir
%	Residuo de la división
++	Incremento
--	Decremento

Operadores lógicos

Trabajan con proposiciones matemáticas (valores boléanos) son:

Operador	Significado
&&	AND (Y lógico)
||	OR (O lógico)
!	NOT (NO lógico)

Operadores de comparación

Su resultado es TRUE o FALSE

Operador	Significado
==	Igual
!=	Distinto
>=	Mayor o igual
<=	Menor o igual
>	Mayor
<	Menor

Operadores de asignación

Operador	Ejemplo		
+=	**Suma y asignación**	**a+=c como a=a+c**
-=	**Resta y asignación**	**a-=c como a=a-c**
***=**	**Producto y asignación**	**a*=c como a=a*c**
/=	**División y asignación**	**a/=c como a=a/c**
%=	**Resto y asignación**	**a%=c como a=a%c**

Nota. El operador de concatenación + permite unir valores de texto con valores numéricos. Por ejemplo "código:"+codigoAlumno

FUNCIONES PARA TRABAJAR CON NÚMEROS

JavaScript proporciona una serie de funciones predefinidas y palabras clave o constantes para trabajar con números.

Entre ellas podemos citar isNan, Number(n), toFixed(n), toExponential(n), toPrecision(n), valueOf (), toString (). También, con frecuencia se necesita convertir un valor texto (string) o cadena a un número. Las funciones globales parseInt y parseFloat lo **permiten.**

El trabajo con números en JavaScript se puede abordar desde distintas perspectivas.

En primer lugar, existen dos variables predefinidas globales:

a. NaN (**Not-a-Number**) que se usa para representar un valor numérico no válido (p.ej. 0/0).

b. **Infinity** que se usa para representar un valor numérico positivo infinito, o su variante -Infinity, que representa un valor numérico negativo infinito.

El valor NaN es un valor peculiar en JavaScript desde el momento en que no permite su comparación con el operador ==. Por ejemplo, var x = NaN; var y = NaN; alert (x==y); devuelve false a pesar de que ambas variables contienen Nan.

Para evaluar si una variable contiene Nan ha de usarse la expresión. x! = x, que devolverá true únicamente si x contiene NaN.

Dado que la aplicación de estos operadores es un tanto confusa con variables que pueden contener NaN, se recomienda usar la función isNaN que comentaremos un poco más adelante, y que permite evaluar si un valor es NaN.

Una expresión como 1/Infinity se evalúa a cero.

Funciones globales parseint y parsefloat

Existen dos funciones globales útiles para convertir cadenas en valores numéricos: parseInt y parseFloat.

La sintaxis básica de parseFloat es la siguiente:

```
var numerica = parseFloat(cadena);
```

La función parseFloat toma la cadena y trata de retornar un valor numérico decimal. Si la conversión no se puede completar por aparecer algún carácter extraño, devuelve el valor numérico que pueda extraer hasta la aparición de dicho valor.

Si la cadena no empieza con un valor válido para un número (es decir, un +, un – ó un número, un signo. ó una letra e indicadora de exponente) la función devuelve NaN.

Ejemplo:

```
var cadena1 = '82.35 % de aprobados';
var cadena2 = '% de aprobados: 82.35';
alert('cadena1 a numero: ' + parseFloat(cadena1) + ' ;
cadena2 a numero: ' + parseFloat(cadena2));
```

Este ejemplo da lugar a que se muestre por pantalla: cadena1 el numero: 82.35; cadena2 el numero: NaN

En el primer caso, extrae el valor numérico hasta allí donde le es posible.

En el segundo caso, al no comenzar la cadena con algo que pueda convertirse a numérico, devuelve NaN.

La función parseInt toma la cadena y trata de retornar un valor numérico entero. La sintaxis básica de parseInt es la siguiente:

```
var numericalnt = parseInt(cadena);
```

Hay otra forma de invocación consistente en pasar dos parámetros: parseInt (cadena, raíz), donde raíz es un parámetro opcional que por defecto es 10 e indica la base numérica empleada. Por defecto es la decimal (10), pero podría ser 8 (valor numérico octal) ó 16 (valor numérico hexadecimal).

El funcionamiento de parseInt es similar al de parseFloat con la diferencia de que parseInt extrae únicamente aquella parte de la cadena que pueda reconocerse como un entero.

Así parseInt ('15.67 metros') devuelve 15, parseInt ('.1 metros') devuelve NaN (no admite que un entero comience con un punto), y parseInt ('0.1 metros') devuelve 0.

MENSAJES

Se trata de ventanas que desde el código se lanzan al usuario para hacer que éste reaccione ante una situación o nos informe ante una duda. Realmente todos los mensajes se obtienen a través del objeto window (véase más adelante).

alert

Es el mensaje más usado. Saca un mensaje por la pantalla el cual sólo deja la posibilidad de aceptarle. Su uso es mostrar información al usuario, pero resaltándola de la página.

Su sintaxis es: alert(texto_del_mensaje);

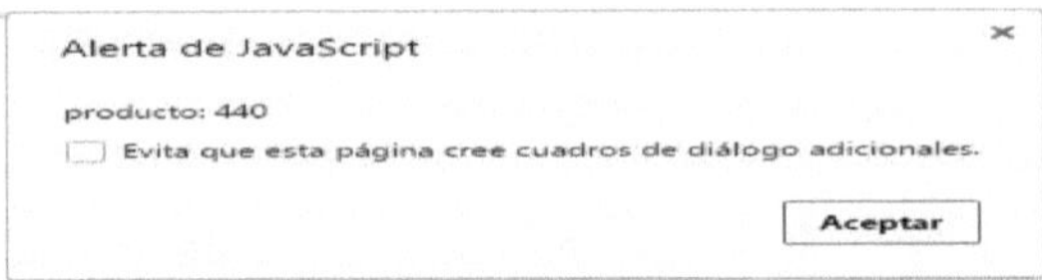

prompt

En este caso se trata de una ventana que pide entrar datos al usuario. De modo que esta función devuelve un valor que se puede usar en el código si es asignado a una variable.

Su sintaxis es:

variable=prompt(texto_del_mensaje,valor_por_defecto);

El segundo parámetro (valor por defecto) no es obligatorio incluirle y permite asignar un valor al cuadro de texto en el que el usuario tendrá que introducir información.

Ejemplo de uso de prompt:

valor1=prompt("Valor1",0);

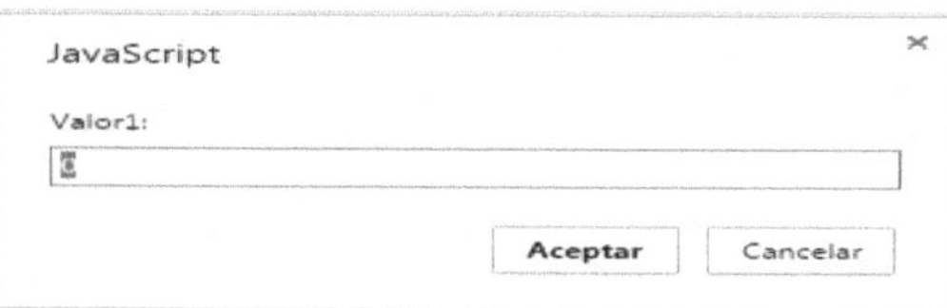

En el ejemplo, el resultado de lo que el usuario responde se almacena en la variable valor1 y al principio la ventana contendrá el valor comer en el cuadro de texto destinado al usuario.

Naturalmente, el usuario podrá variar este valor si lo desea.
El cuadro de diálogo que saca prompt posee dos botones, uno es el de Aceptar y el otro es el de Cancelar. Si el usuario pulsa Cancelar, la función prompt devuelve el valor nulo (null).

confirm
Saca un mensaje de confirmación el cual suele tener dos botones: Aceptar y Cancelar. Sintaxis:

confirm(texto_del_mensaje)

La ventana mostrará el texto elegido (normalmente es una pregunta) y el usuario elegirá si desea aceptar o no el contenido.

Confirm devuelve un valor true en el caso de que el usuario acepte el mensaje, y false si no lo hace.

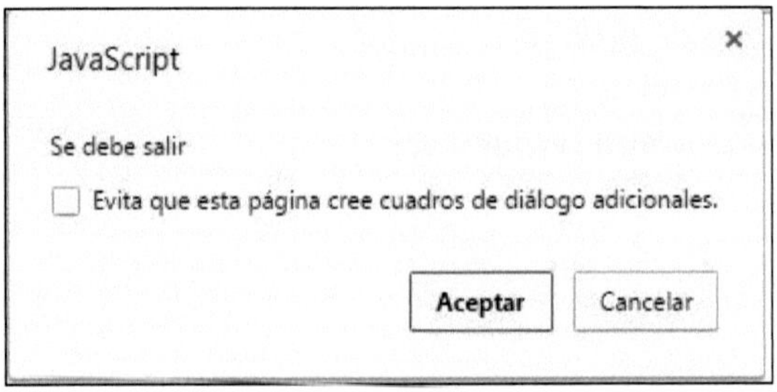

JavaScript
×
Se debe salir
Evita que esta página cree cuadros de diálogo adicionales.
Aceptar
Cancelar

Taller Primer Programa Aplicativo JavaScript

Ingrese a la Aplicación 

File>>New>>HTML Page

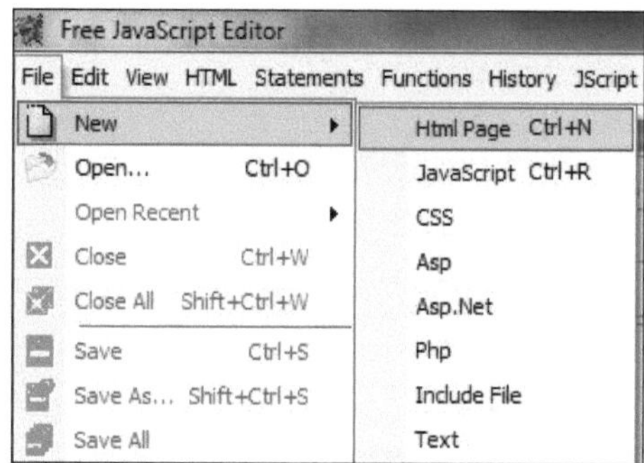

Colocar el siguiente código el bloque <body>...</body>

```
<script>
var suma, resta, producto, division, resto;//Múltiple declaración
var incremento, decremento;
valor1=prompt("Valor1:",0) //Captura de Valor. Se captura como texto
valor2=prompt("Valor2:",0)
valor1=parseInt(valor1) ;//Se convierte de texto a numero
valor2=parseInt(valor2);
suma=valor1+valor2;
producto=valor1*valor2;
alert ('producto: '+producto) ;//concatenación
alert('suma:'+suma);
confirm ('Se debe salir');
</script>
```

Quedando:

```html
<html>

<head>

<title></title>

</head>

<body>
<script>
var suma, resta, producto, division, resto;//Múltiple declaración
var incremento, decremento;
valor1=prompt("Valor1:",0) //Captura de Valor. Se captura como texto
valor2=prompt("Valor2:",0)
valor1=parseInt(valor1);//Se convierte de texto a numero
valor2=parseInt(valor2);

suma=valor1+valor2;
producto=valor1*valor2;
alert('producto: '+producto);//concatenación
alert('suma:'+suma);
confirm('Se debe salir');
</script>
</body>

</html>
```

Verificar existencia de error en JavaScript. Entonces, Menu Debugging opción JS Syntax Check

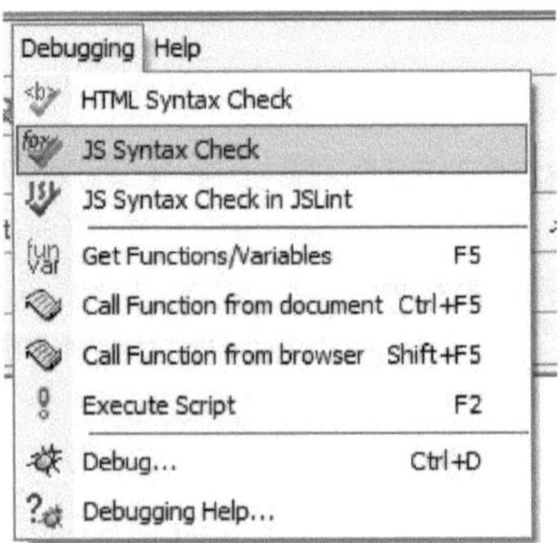

Se verifica si en la ventana output aparece el mensaje

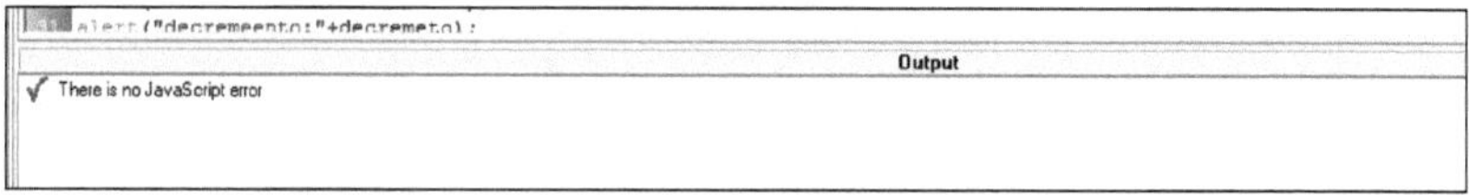

no hay error sintáctico JavaScript.

Si no existe error Menu File >> Save

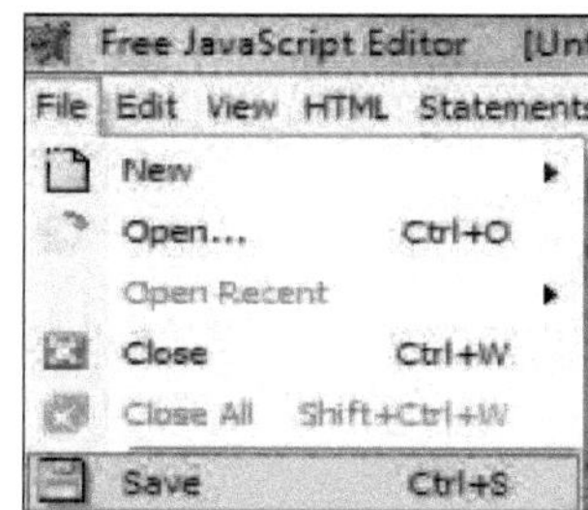

Guardar como: operaciones js preferiblemente en mis documentos...

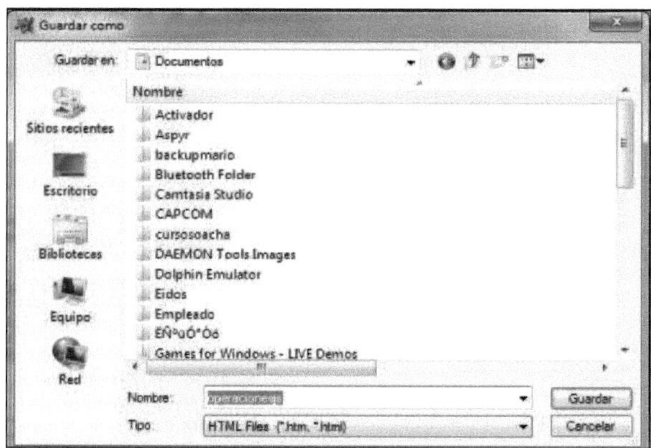

Ahora ejecútelo….

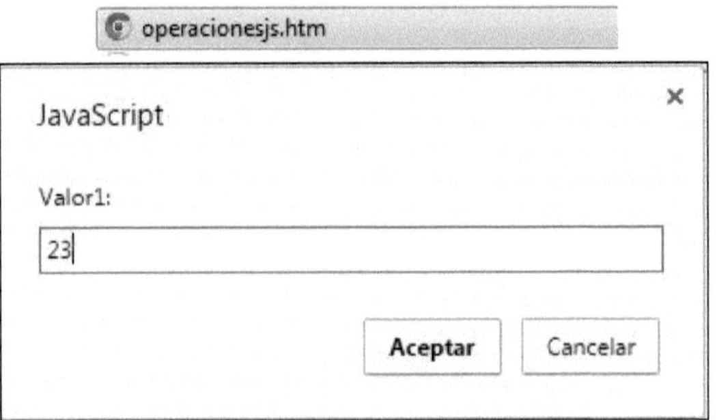

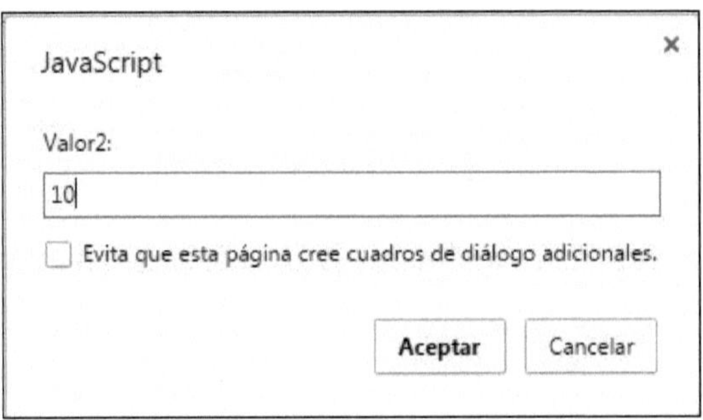

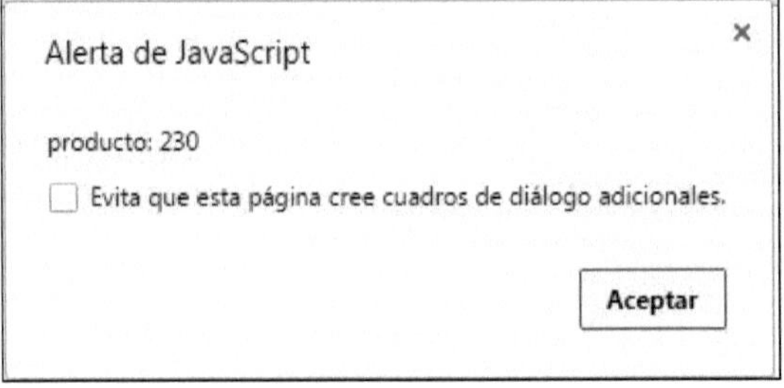

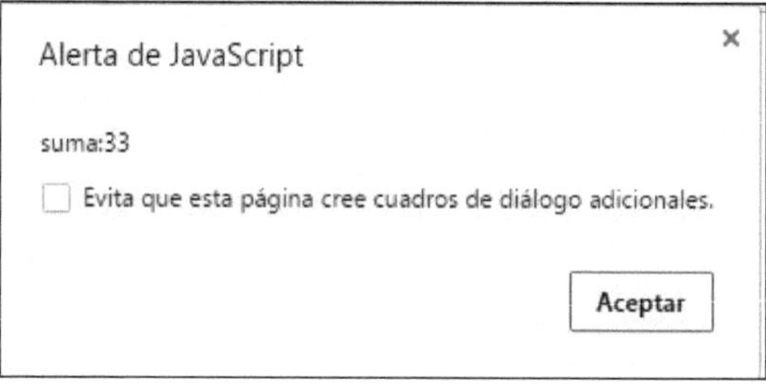

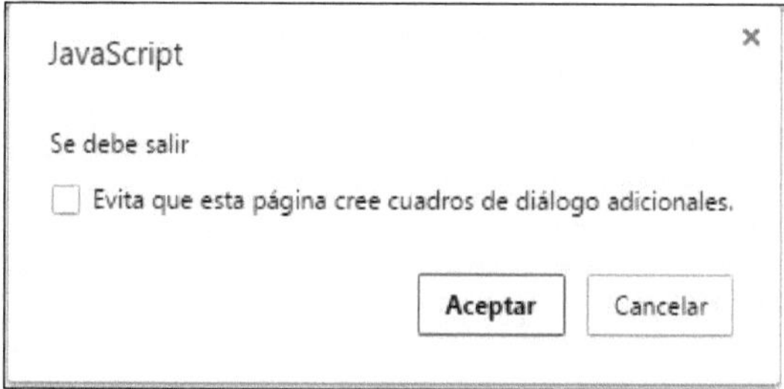

De esta manera de aquí en adelante se crearán paginas HTML para probar códigos JavaScript.

ESTRUCTURAS CONDICIONALES

Cuando es necesario evaluar la presencia ó no de una condición, es más sencillo entenderlo inicialmente como un árbol de condición para determinar cuál es el camino lógico cuando se presente (Presencia) o no una condición (Ausencia)

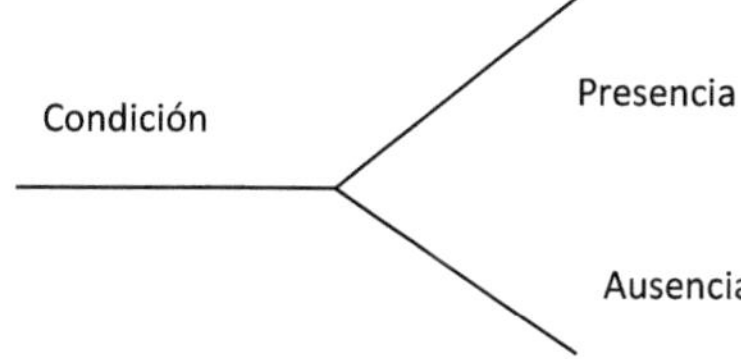

Árbol de Condición

Ejemplo. Determinar cuándo es mayor de edad.

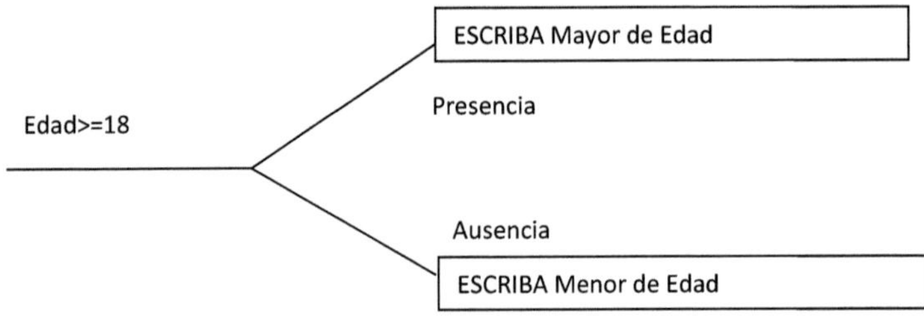

Ejemplo. Puntos Mínimos

Árbol de Condición

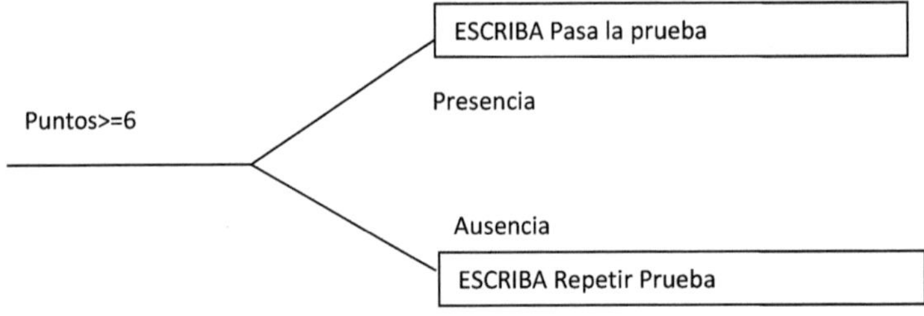

SINTAXIS JAVASCRIPT

Forma 1:

```
If( <condición> )
<sentencia> | <Bloque de Sentencias>
```

Forma 2:

If(<condición>)
   <sentencia> | <Bloque de Sentencias>
else
   <sentencia> | <Bloque de Sentencias>

Dónde:

La palabra reservada **else** indica Ausencia

Las BNF son:

<condición>: : - < condicionante > ∫ <operador lógico> <condicionante>

<operador lógico>: : - && | |

<condicionante>: : - < variable > <operador de relación> <operación>

<operador de relación>:: - > < >= <= == !=

<operación> :: - <operando> ∫ <operador aritmético> <operando>

<operando>:: - <variable> | <numero>

<operador aritmético> :: - + / * -

<Bloque de Sentencias>: - { <sentencia> ; <sentencia>...}

Programa en JavaScript del mayor de edad

```
<script>
var edad=prompt ("Edad:", 0)
edad=parseInt(edad)
if (edad>=18)
 alert ("mayor de edad")
 else
 alert ("menor de edad")
confirm ("salida del programa")
</script>
```

```
ifjs1.htm
1   <html>
2
3   <head>
4
5   <title></title>
6
7   </head>
8
9   <body>
10  <script>
11  var edad=prompt("Edad:", 0)
12  edad=parseInt (edad)
13  if (edad>=18)
14     alert("mayor de edad")
15     else
16     alert("menor de edad")
17  confirm("salida del programa")
18  </script>
19  </body>
20
21  </html>
```

Programa en JavaScript puntos minimos

```
<script>
 puntos=prompt("Puntos",0);
 puntos = parseInt ();
 if(puntos>=6)
 alert (" Paso la Prueba ");
 else
 alert (" Perdio la Prueba ");
 confirm ("salida del programa")
</script>
```

```
[x] jsif2.htm*
 1  <html>
 2  <head>
 3  <title></title>
 4  </head>
 5  <body>
 6  <script>
 7      puntos=prompt("Puntos",0);
 8      puntos = parseInt();
 9      if(puntos>=6)
10      alert(" Paso la Prueba    ");
11        else
12      alert(" Perdio la Prueba  ");
13      confirm("salida del programa")
14  </script>
15  </body>
16  </html>
```

CICLO FINITO FOR

Se conoce el número de veces a realizar determinada(s) actividad(es). Para su explicación se va hacer use del Autómata de Ciclo Finito que se realiza en cuatro momentos:

E0. Previo al Autómata

    a. Inicializar el Índice (variable entera)
    b. Comparar el Índice contra una cota o limite superior e inferior
    c. Actividad(es) a Realizar
    d. Incremento o decremento de Índice

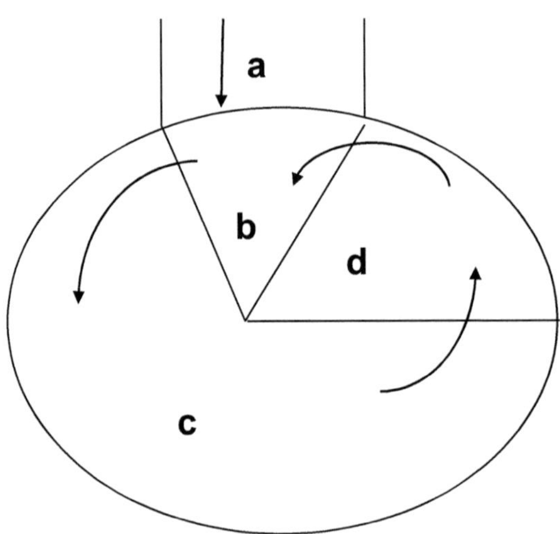

Existen dos clases de Autómata de Ciclo Finito:

- Incremental
- Decremental

MOMENTOS	INCREMENTAL	DECREMENTAL
a (valor inicial)	Indice=limite inferior	Indice=limite superior
b (condición)	Indice <= limite superior	Indice >= limite inferior
c (sentencias que ejecutan mientras se cumpla la condición)	Sentencia(s)	Sentencia(s)
d (actualización)	Indice=indice+1 Ir al momento b	Indice=indice-1 Ir al momento b

Sintaxis JavaScript:

for(a; b; d)
 c
donde
c::- ; | <Sentencia> | <Bloque de Sentencias>

o sea:

for (valor inicial; condición; actualización)
{
sentencias que se ejecutan mientras la condición se cumpla
}

La Multiplicación de A x B por medio de Suma.

Esta suma se representa como la sumatoria de B en A – Veces A

$$\sum_{i=1}^{A - Veces} B = 0 + B + B + B$$

El índice i va desde 1 hasta A ó sea
i = 1… A
Limite Inferior =1
Limite Superior = A
E0.
 S=0 La Sumatoria se debe iniciar en 0
 Lea A
 Lea B

Autómata
    a. i=1
    b. i <= A
    c. S=S+B
    d. i=i+1
 ir al Momento b

Programa en JavaScript

```
<script>
 var a,b,c=0,i;
 a=prompt("a:",0)
 b=prompt("b:",0)
 a=parseInt(a)
 b=parseInt(b)
 for(i=1; i<= b; i++)
 c+=a;
 alert (" La Suma igual a: "+ c);
 confirm ("salida del programa")
</script>
```

☒ **forjs1.htm**

```html
<html>
<head>
<title></title>
</head>
<body>
<script>
    var a,b,c=0,i;
    a=prompt("a:",0)
    b=prompt("b:",0)
    a=parseInt(a)
    b=parseInt(b)
    for(i=1; i<= b; i++)
      c+=a;
     alert(" La Suma igual a: "+ c);
  confirm("salida del programa")
</script>
</body>
</html>
```

El Factorial de un numero n.

Lea n
Л i = 1*1*2*3*... n (Multiplicatoria de i n veces)
i=1 n – Veces

El índice i va desde 1 hasta n ó sea
i = 1... n
Limite Inferior =1
Limite Superior = n
E0.
F=1 La Multiplicatoria se debe iniciar en 1
Lea n

Autómata
    a. i=1
    b. i <= n
    c. F = F * i
    d. i=i+1
 ir al Momento b

Programa en JavaScript

```
<script>
 var k=1,i,n;
 n=prompt("n:",1)
 n=parseInt(n)
 for (i=1; i<= n; i++)
 k*=i;
 alert (" Factorial: "+ k);
 confirm ("salida del programa")
</script>
```

```
forjs2.htm*
1  <html>
2  <head>
3  <title></title>
4  </head>
5  <body>
6  <script>
7     var k=1,i,n;
8     n=prompt("n:",1)
9     n=parseInt(n)
10    for(i=1; i<= n; i++)
11      k*=i;
12    alert(" Factorial: "+ k);
13   confirm("salida del programa")
14 </script>
15 </body>
16 </html>
```

Listar hasta el termino n esimo de la serie de Fibonacci

El índice i va desde 1 hasta n ó sea
i = 1... n
Limite Inferior =1
Limite Superior = n
E0.
 Padre=0
 Abuelo= 1
 Lea n

Autómata
    a. i=1
    b. i <= n
    c. Nieto = Padre + Abuelo
 Escribir Nieto
 Abuelo = Padre
Padre = Nieto
    a. i=i+1
ir al Momento b

Programa en JavaScript

```
<script>
var padre=0, abuelo=1, nieto=0, i, n;
var serie=" "
n=prompt("Termino:",1)
n=parseInt(n)
for (i=1; i<= n; i++)
{
nieto=padre+abuelo
serie=serie+nieto+" "//Concatenar
abuelo=padre
padre=nieto
}
```

```
 alert (" Serie: "+ serie);
confirm ("salida del programa")
</script>
```

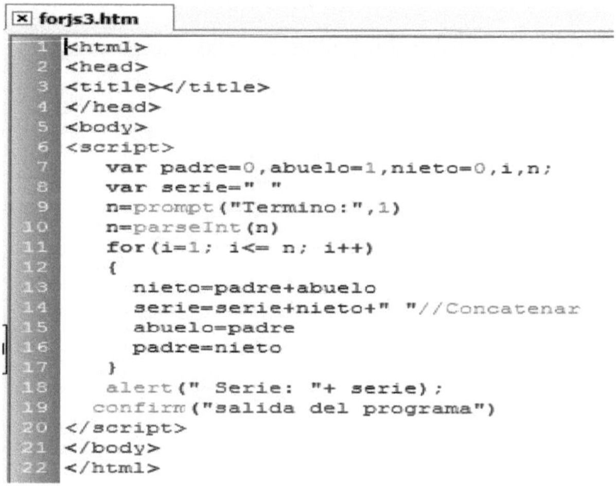

```html
[x] forjs3.htm
 1  <html>
 2  <head>
 3  <title></title>
 4  </head>
 5  <body>
 6  <script>
 7     var padre=0,abuelo=1,nieto=0,i,n;
 8     var serie=" "
 9     n=prompt("Termino:",1)
10     n=parseInt(n)
11     for(i=1; i<= n; i++)
12     {
13        nieto=padre+abuelo
14        serie=serie+nieto+" "//Concatenar
15        abuelo=padre
16        padre=nieto
17     }
18     alert(" Serie: "+ serie);
19     confirm("salida del programa")
20  </script>
21  </body>
22  </html>
```

Lectura y escritura de un vector

En los lenguajes de programación existen estructuras de datos especiales que nos sirven para guardar información más compleja que simples variables.

Una estructura típica en todos los lenguajes es el Array, que es como una variable donde podemos introducir varios valores, en lugar de solamente uno como ocurre con las variables normales.

El Array en una sola dimensión se denomina **Vector**, cuando es de dos dimensiones se denomina **Matriz**.

Se debe declarar un Vector de n – posiciones o casillas (dimensión). Las posiciones de un vector en este caso inician en 0 y llegan hasta la posición n-1

```
       0   1   2   3  .. n -1
A    [  ][  ][  ][  ][  ][  ]
```

Entonces para recorrer un vector se requiere de un índice que:

indice = 0 … n – 1
Limite Inferior = 0
Limite Superior = n – 1

E0:
 Constante Entera n = 10
 Entera A [n] Se declara el Vector A de n – posiciones

Autómata de Lectura
    a. i = 0
    b. i < n // También se puede colocar i < = n - 1
    c. Lea A[i]
    d. i =i + 1
 ir al Momento b

Autómata de Escritura

    a. i = 0
    b. i < n
    c. Escribir A[i]
    d. i =i + 1
ir al Momento b

Programa en JavaScript

El primer paso para utilizar un array es crearlo. Para ello se hace uso de un objeto predefinido Array. Más adelante, se orientará en la Programación Orientada a Objetos (POO), aunque no será necesario para poder entender el uso de los arrays. Esta es la sentencia para crear un objeto Array:

```
var A = new Array()
```

Esto crea un array en la página html que está ejecutándose. El Array se crea sin ningún contenido, es decir, no tendrá posiciones o casillas creadas.

También, se puede definir el número de posiciones o casillas (dimensión) que va a tener el Array:

```
var A = new Array(10)
```

En este caso se indica que el Array va a tener 10 posiciones, es decir, 10 casillas donde guardar datos.

Es importante identificar que la palabra Array en código JavaScript se escribe con la primera letra en mayúscula. Como en JavaScript si distingue entre las mayúsculas y minúsculas, si se escribe en minúscula no funcionará.

Tanto se indique o no el número de casillas del **Array JavaScript**, se puede introducir en el Array cualquier dato. Si la casilla está creada se introduce simplemente y si la casilla no estaba creada se crea y luego se introduce el dato, con lo que el resultado final es el mismo. Esta creación de casillas es dinámica y se produce al mismo tiempo que los scripts se ejecutan.

A continuación, se da un ejemplo de cómo introducir valores en un Array:

```
A[0] = 20
A[1] = 8
A[2] = 33
```

Para no hacer tantas lecturas como numero de posiciones o casillas se va a hacer uso de la generación de números aleatorios mediante la fusión de dos métodos de la clase predefinida Math (más adelante se profundiza) como método Math.random que genera números aleatorios en entre 0 y 1, y el método Math.round que redondea al próximo entero.

El siguiente numero generado estará en el intervalo 1…50

```
var aleatorio = Math.round(Math.random( )*49)+1;
```

Codigo JavaScript:

```
<script>
 var i,n;
 var cadena=" "
 n=prompt("Dimension:",1)
 n=parseInt(n)
 var A=new Array(n)
 for (i=0; i<n; i++) //Para las posiciones 0 hasta n-1
```

```
{
A[i] = Math.round(Math.random( )*49)+1;
cadena=cadena+A[i]+" "//Concatenar
}
alert (" Vector: "+ cadena);
confirm ("salida del programa")
</script>
```

```
forjs4.htm
1  <html>
2  <head>
3  <title></title>
4  </head>
5  <body>
6  <script>
7     var i,n;
8     var cadena=" "
9     n=prompt("Dimension:",1)
10    n=parseInt(n)
11    var A=new Array(n)
12    for(i=0; i<n; i++) //Para la posiciones 0 hasta n-1
13    {
14      A[i] = Math.round(Math.random()*49)+1;
15      cadena=cadena+A[i]+" "//Concatenar
16    }
17    alert(" Vector: "+ cadena);
18   confirm("salida del programa")
19  </script>
20  </body>
21  </html>
```

Ventanas de Ejecución:

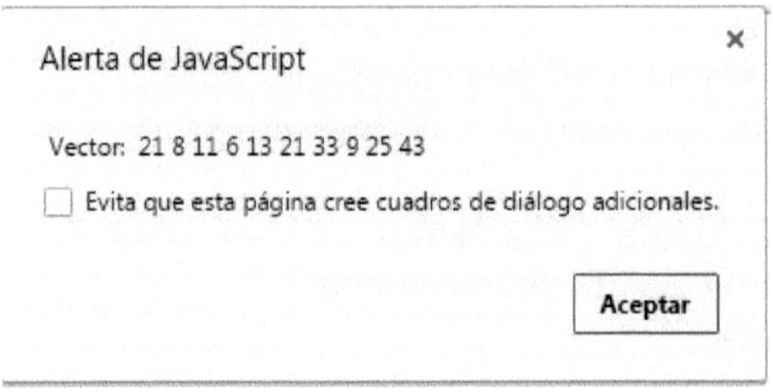

Alerta de JavaScript

Vector: 21 8 11 6 13 21 33 9 25 43

Evita que esta página cree cuadros de diálogo adicionales.

Aceptar

CICLO ANIDADOS

Se presenta cuando un Autómata hace parte del momento c de otro
Autómata. Se representa de la siguiente manera:

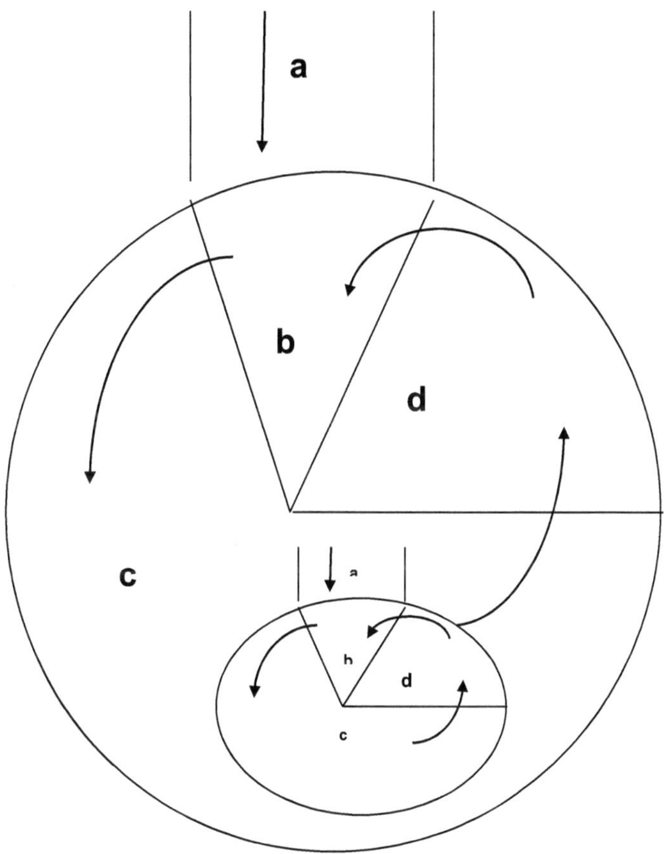

Entonces se habla de un Autómata Externo y un Autómata Interno.

A nivel de interpretación, se va a ilustrar un Autómata de Horas y un
Autómata de Minutos.

El Autómata de Horas es el Externo y su índice Hora va desde 0 hasta 23

El Autómata de Minutos es el interno y su índice Minuto va desde 0 hasta 59

Autómata Externo
    a. Hora = 0
    b. Hora < = 23
    c. Autómata Interno
    a. Minuto = 0
    b. Minuto < = 59
    c. Mostrar Hora: Minuto
    d. Minuto = Minuto +1
 Ir al Momento b del Autómata Interno
Fin Autómata Interno
    a. Hora = Hora +1
 Ir al Momento b del Autómata externo

Programa en JavaScript

```
<script>
 var Hora, Minuto;
 var cadena="Reloj "
 for(Hora=0;Hora<24;Hora++)
     {
       cadena=cadena+"\n"
  for(Minuto=0;Minuto<60;Minuto++)
  {
  cadena=cadena+Hora+":"+Minuto+" ";
  }
 }
 alert(cadena)
</script>
```

```
forforjs1.htm*
1  <html>
2  <head>
3  <title></title>
4  </head>
5  <body>
6  <script>
7      var  Hora, Minuto;
8      var cadena="Reloj "
9      for(Hora=0;Hora<24;Hora++)
10         {
11           cadena=cadena+"\n"
12           for(Minuto=0;Minutc<60;Minuto++)
13           {
14             cadena=cadena+Hora+":"+Minuto+"   ";
15           }
16         }
17      alert(cadena)
18  </script>
19  </body>
20  </html>
```

Lectura y Escritura de una matriz

Una Matriz es un Arreglo Bidimensional. Se puede representar como un conjunto de Vectores, donde se estructura por filas y columnas

Se debe declarar una Matriz de **n – posiciones por n - posiciones**.

Donde las primeras n – Posiciones representan las Filas
Las Segundas n – Posiciones representan las Columnas

En el caso de JavaScript como C, las filas como las columnas inician en 0 y llegan hasta la posición n-1

$$0 \quad 1 \quad 2 \quad 3 \quad 4 \ldots n\text{-}1$$ **COLUMNAS**

0
1
2
n-1

FILAS

Para recorrer una Matriz (como recorrer una sala de cine) se requiere de un índice para las filas y otro índice para las columnas:

Entonces, se necesita de dos Autómatas uno Externo para recorrer filas y un Interno para recorrer columna por columna de la fila activa (índice autómata externo).

indice Externo= 0 … n – 1. Se toma como el índice i
Indice Interno= 0… n – 1. Se toma como el índice j
Limite Inferior = 0
Limite Superior = n – 1
E0:

Constante Entera n = 10
Entera A [n] [n] Se declara una Matriz A de n – posiciones por n - posiciones

Autómata de Lectura

Autómata Externo
a. i = 0
b. i < n
c.
 Autómata Interno
 a. j=0
 b. j < n
 c. Lea A[i] [j]
 d. j = j +1
 ir al momento b del Autómata Interno
 Fin Autómata Interno
d. i =i + 1
 ir al Momento b del Autómata Externo
Fin Autómata Externo

Autómata de Escritura

Autómata Externo
a. i = 0
b. i < n
c.
 Salto de Línea
 Autómata Interno
 a. j=0
 b. j < n
 c. Escriba A[i] [j]
 d. j = j +1
 ir al momento b del Autómata Interno
 Fin Autómata Interno
d. i =i + 1

ir al Momento b del Autómata Externo
Fin Autómata Externo

Programa en JavaScript

Primer Paso. Crear un vector con un número de posiciones o casillas (dimensión) que indica el número de filas

```
var A=new Array(n);
```

Segundo Paso. Hacer un ciclo finito for para dimensionar cada fila con un numero de columnas

```
for(i=0;i<n;i++)
A[i]=new Array(m);
```

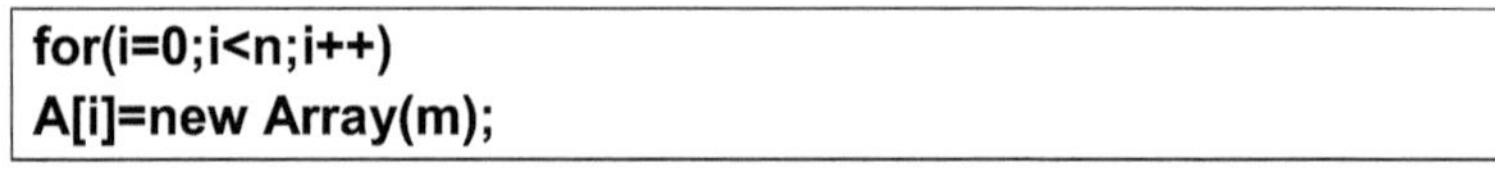

Programa en JavaScript

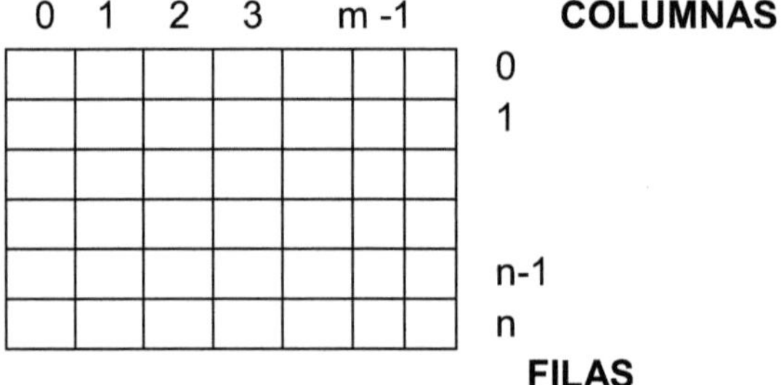

```
<script>
var i, j, n,m;
var cadena="Matriz A"
n=prompt("Filas:",1)
n=parseInt(n)
m=prompt("Columnas:",1)
m=parseInt(m)
```

```javascript
var A=new Array(n)
for(i=0; i<n; i++) //Para las filas 0 hasta n-1
{
A[i] = new Array(m); //Numero de columnas
}
for(i=0; i<n; i++) //Para las filas 0 hasta n-1
{
cadena=cadena+"\n"
for(j=0;j<m;j++)//Para las columnas 0 hasta m-1
{
A[i][j] = Math.round(Math.random()*49)+1;
cadena=cadena+A[i][j]+" "//Concatenar
}
}
alert(cadena);
confirm("salida del programa")
</script>
```

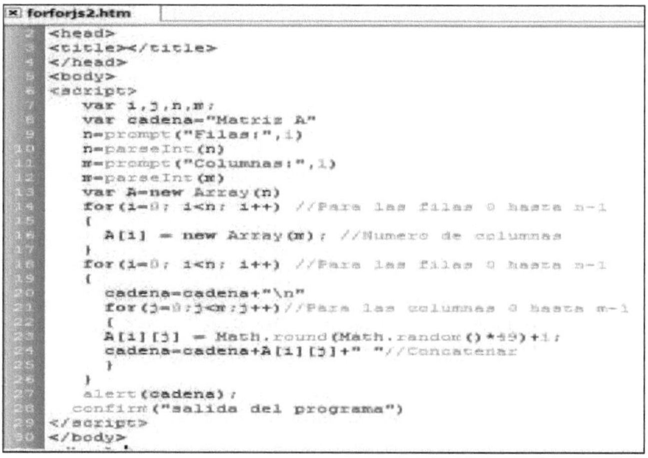

```
forforjs2.htm
<head>
<title></title>
</head>
<body>
<script>
    var i,j,n,m;
    var cadena="Matriz A"
    n=prompt("Filas:",1)
    n=parseInt(n)
    m=prompt("Columnas:",1)
    m=parseInt(m)
    var A=new Array(n)
    for(i=0; i<n; i++)  //Para las filas 0 hasta n-1
    {
       A[i] = new Array(m); //Numero de columnas
    }
    for(i=0; i<n; i++)  //Para las filas 0 hasta n-1
    {
       cadena=cadena+"\n"
       for(j=0;j<m;j++)//Para las columnas 0 hasta m-1
       {
       A[i][j] = Math.round(Math.random()*49)+1;
       cadena=cadena+A[i][j]+" "//Concatenar
       }
    }
    alert(cadena);
    confirm("salida del programa")
</script>
</body>
```

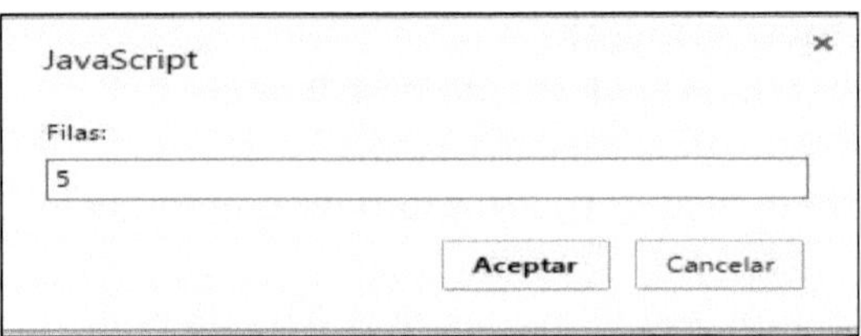

JavaScript
Filas:
5
Aceptar
Cancelar

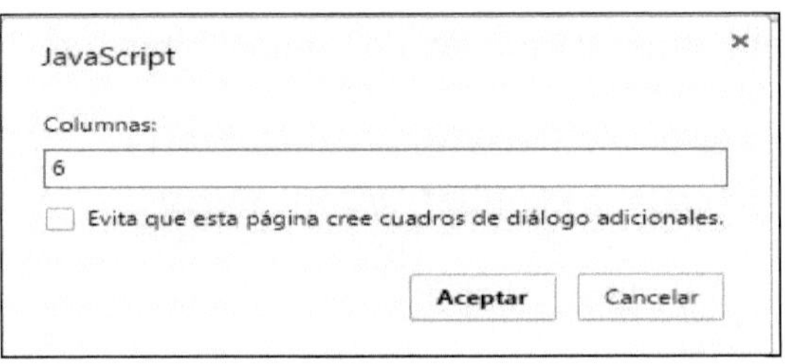

JavaScript
Columnas:
6
Evita que esta página cree cuadros de diálogo adicionales.
Aceptar
Cancelar

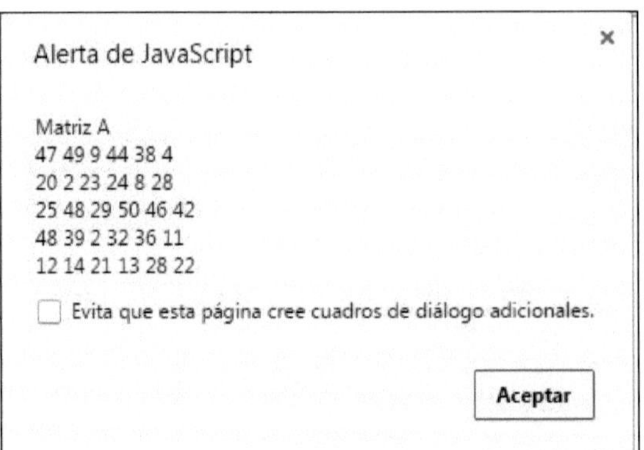

Alerta de JavaScript
Matriz A
47 49 9 44 38 4
20 2 23 24 8 28
25 48 29 50 46 42
48 39 2 32 36 11
12 14 21 13 28 22
Evita que esta página cree cuadros de diálogo adicionales.
Aceptar

Ordenamiento de un Vector

Solo se analiza el Autómata de Ordenamiento de un vector n – posiciones porque los autómatas de lectura y escritura en un vector fueron ya analizados.

Se toma como caso un ordenamiento sencillo que este autor lo denomina lineal que consiste en dos índices (indica posición dentro del vector) comparado y comparante:

Comparado	Comparante
Posición 0	Posición 1 hasta n -1
Posición 1	Posición 2 hasta n -1
Posición 2	Posición 3 hasta n -1
Se concluye entonces Autómata Externo Posición i= 0...n - 2	Autómata Interno Posición j= i + 1 .... n - 1

E0:
Constante Entera n = 10
Entera A [n] Se declara el Vector A de n – posiciones
Autómata de lectura de vector
Autómata de Escritura de Vector

Autómata Externo(Comparado)
   a. i=0
   b. i < n -1 // Igual a n < = n-2

Autómata Interno(Comparante)
   a. j = i + 1
b. j < n // Igual a n<= n -1
c. Si A[i] > A[j]

k= A[i] //uso de variable intermedia
A[i] = A[j]
A[j] = k

Fin Si
  a. j = j +1

ir al momento b del Autómata Interno

Fin Autómata Interno
d. i =i + 1
 ir al Momento b del Autómata Externo
Fin Autómata Externo
Autómata Escritura vector

Programa en JavaScript

```
<script>
var i,j,n,m,aux;
var cadena="Vector A Sin Ordenar: "
n=prompt("Dimension:",1)
n=parseInt(n)
var A=new Array(n)
for(i=0; i<n; i++) //Para las filas 0 hasta n-1
{
A[i] = Math.round(Math.random()*49)+1;
cadena=cadena+A[i]+" "
}
alert(cadena)
for(i=0; i<n-1; i++) //Para las filas 0 hasta n-1
{
for(j=i+1;j<n;j++)//Para las columnas 0 hasta m-1
{
if(A[i]>A[j])
            {
                aux=A[i];
                A[i]=A[j];
                A[j]=aux;
            }
```

```
}
}
cadena="Vector A Ordenado: "
for(i=0; i<n; i++) //Para las filas 0 hasta n-1
{
cadena=cadena+A[i]+" "
}
alert(cadena);
confirm ("salida del programa")
</script>
```

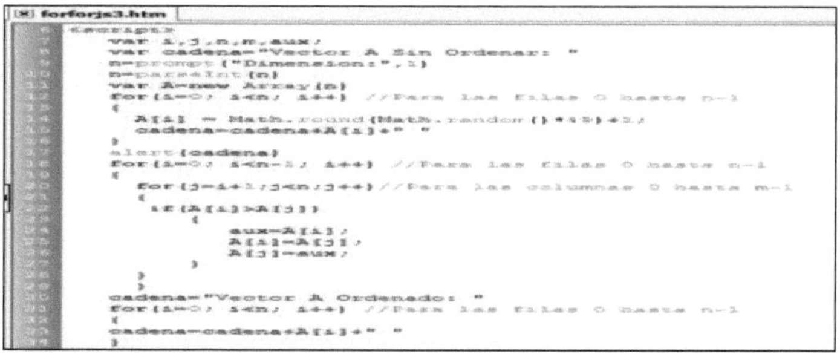

CICLO while

Un ciclo while es una estructura de programación que permite repetir sentencias hasta que se cumpla una determinada condición.

Entonces, esta condición se denomina **Condición de Permanencia (CP)**.

Semánticamente se expresa **Mientras que** se cumpla con la condición de Permanencia se realizan las sentencias

Es muy importante, tener en cuenta que la condición cambie de valor en algún instante. A continuación, se presenta el **Automata de Ciclo Mientras Que**:

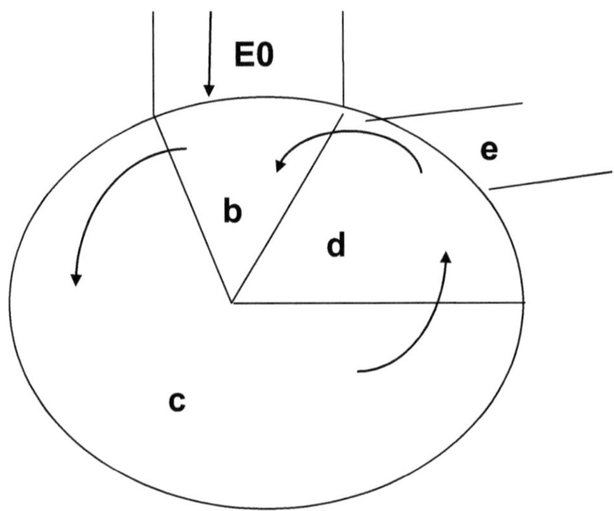

Este Autómata evalúa la condición de Permanencia antes de realizar sentencias (momento c), por eso se denomina Autómata de **Pre Condición de Permanencia**

MOMENTOS	QUE PASA
E0	Estado Previo al Autómata
b.	Si se cumple CP(Condición de Permanencia)
c.	Sentencia(s)
d.	Ir al Momento b
e.	Condición de Salida = negacion(CP)

SINTAXIS JAVASCRIPT:

while(b)
 c
donde
c::- ; | <Sentencia> | <Bloque de Sentencias>

> **while(condición de Permanencia){**
> **... sentencias que se ejecutan mientras la condición se cumpla**
> **}**

El BNF es el siguiente:

<condición de Permanencia>:: - < condicionante > ∫ <operador lógico> <condicionante>
<operador lógico>:: - && | |
<condicionante>:: - < variable > <operador de relación> <operación>
<operador de relación>:: - > < >= <= == !=
<operación> :: - <operando> ∫ <operador aritmético> <operando>
<operando>:: - <variable> | <numero>
<operador aritmético> :: - + / * -

Digitalización de un Número

E0:
 Entero A[n] Vector de n - posiciones
 Lea x // Numero
 Lea n// Dimension
 tope=-1 // Cuando ingresa al ciclo se incrementa y debe cumplir
tope=0…n-1

Condición de Permanencia (CP)
CP:: tope<n AND x>0 // x>0 Porque debe tener dígitos a obtener

Autómata Mientras Que
b. si tope<n AND x>0 (CP)
tope=tope+1
A[tope]= residuo(x,10) // x residuo de 10
x= x /10
d. ir a b
Fin Autómata Mientras Que
Autómata Escribir Vector:(0…tope)

Programa en JavaScript

```
<script>
var n,i,x,tope=-1;
var cadena=" "
n=prompt ("Numero de Digitos:",1)
n=parseInt(n)
var A=new Array(n)
x=prompt ("Numero A Digitalizar:",1)
x=parseInt(x)
while (tope<n && x>0)
{
 tope++;
 A[tope]= x % 10;
```

```
 x=Math.trunc(x/10);  //Se obtiene la parte entera del numero
}
for(i=tope;i>=0;i--)
 cadena=cadena+"A["+i+"]: "+A[i]+" ";
alert(cadena)
</script>
```

Nota. Se hace del Método trunc del objeto predefinido Math para obtener la parte entera de un número. Ejemplo: trunc (3.6) es 3

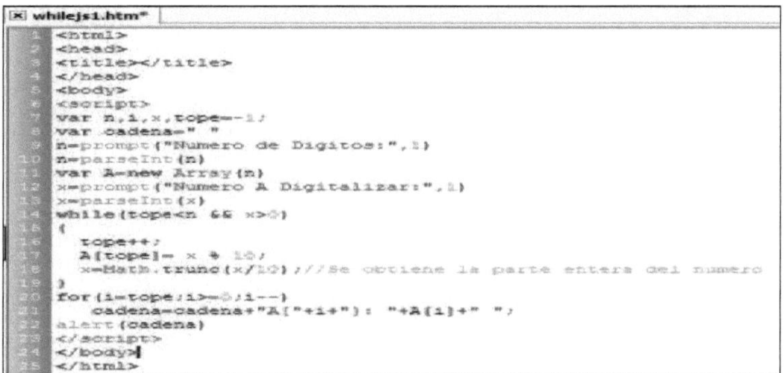

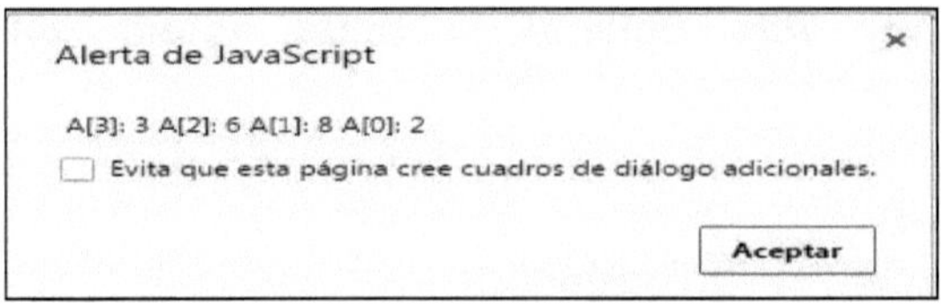

Alerta de JavaScript   ✕

A[3]: 3 A[2]: 6 A[1]: 8 A[0]: 2

☐ Evita que esta página cree cuadros de diálogo adicionales.

Aceptar

Búsqueda de un valor x en un vector no ordenado

E0:
 Constante Entera n = 10
 Entera A [n] Se declara el Vector A de n – posiciones
 Lectura x // valor a buscar dentro del vector
 Autómata de lectura de vector
 Autómata de Escritura de vector
 Condición de Permanencia (CP):: i<n AND A[i] sea diferente de x

i=0
Autómata de Búsqueda de Valor:
b. i<n AND A[i] sea diferente de x
c.
 i= i +1
d. ir a b
Fin Autómata de Búsqueda de Valor

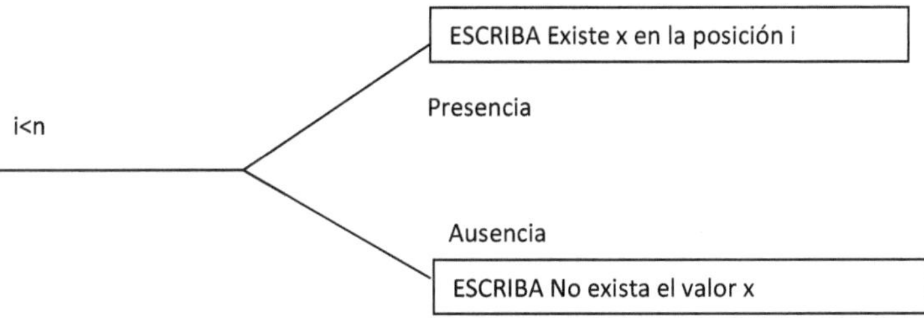

Programa JavaScript

```
<script>
 var i,n,x;
 var cadena=" "
 n=prompt("Dimension:",1)
 n=parseInt(n)
 var A=new Array(n)
 for (i=0; i<n; i++) //Para las posiciones 0 hasta n-1
```

```javascript
    {
     A[i] = Math.trunc(Math.random()*50)+1;//Genera  Aleatorio entre 1 y 50
     cadena=cadena+A[i]+" "//Concatenar
    }
    alert (" Vector: "+ cadena);
    x=prompt ("Valor a Buscar:",1)
    x=parseInt(x)
    i=0;
    while (i<n && A[i]!=x)
    i++;
    if(i<n)
    alert (" Encontrado en la Posicion: "+i);
    else
    alert (" No Encontrado ");
</script>
```

forjs2.htm   whilejs2.htm

```html
<html>
<head>
<title></title>
</head>
<body>
<script>
    var i,n,x;
    var cadena=" "
    n=prompt("Dimension:",1)
    n=parseInt(n)
    var A=new Array(n)
    for(i=0; i<n; i++) //Para la posiciones 0 hasta n-1
    {
      A[i] = Math.trunc(Math.random()*50)+1;//Genera Aleatorio entre 1 y 50
      cadena=cadena+A[i]+" "//Concatenar
    }
    alert(" Vector: "+ cadena);
    x=prompt("Valor a Buscar:",1)
    x=parseInt(x)
    i=0;
    while(i<n && A[i]!=x)
       i++;
    if(i<n)
       alert(" Encontrado en la Posicion: "+i);
    else
       alert(" No Encontrado ");
</script>
</body>
</html>
```

JavaScript   ✕

Dimension:

10

Aceptar   Cancelar

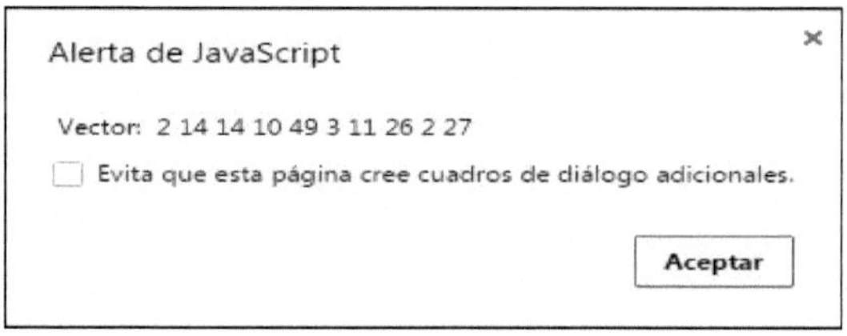

Alerta de JavaScript   ✕

Vector: 2 14 14 10 49 3 11 26 2 27

☐ Evita que esta página cree cuadros de diálogo adicionales.

Aceptar

JavaScript   ✕

Valor a Buscar:

49

☐ Evita que esta página cree cuadros de diálogo adicionales.

Aceptar   Cancelar

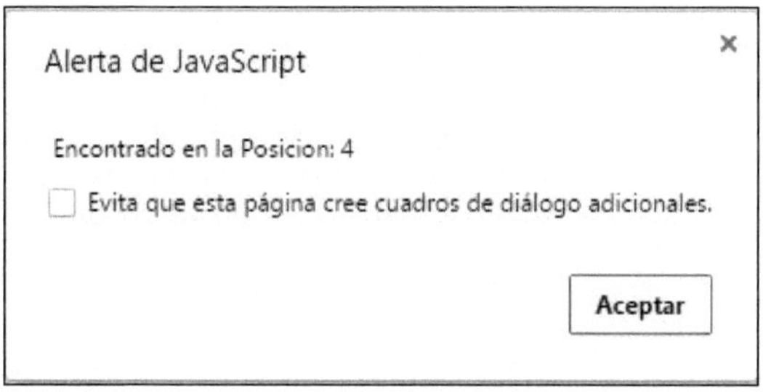

Alerta de JavaScript   ✕

Encontrado en la Posicion: 4

☐ Evita que esta página cree cuadros de diálogo adicionales.

Aceptar

Verificar si el número n es primo o no.

Los Números primos son aquellos que son divisible por si mismo y por la unidad.
Entonces, el índice debe empezar en 2 y terminar en la raíz cuadrada o en la mitad del número.

Se toma entonces el intervalo del indice como de 2 hasta n/2

E0.
 Lea n
 i = 2
 CP:: i<=n/2 AND residuo(n,i) no sea 0 , ó sea, n no sea múltiplo de i

Autómata del Primo
b. si i<=n/2 AND residuo(n,i) no sea 0
c.
 i = i + 1
d.
 ir a b

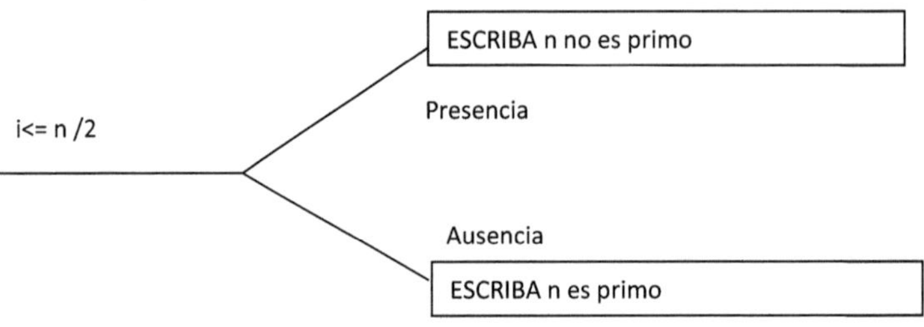

Fin Autómata del Primo

Programa en JavaScript

```
<script>
var i,n;
n=prompt ("Numero a Evaluar:",1)
n=parseInt(n)
```

```
i=2;
while (i<=n/2 && n%i!=0)
i++;
if(i<=n/2)
alert(n+" No es primo ");
else
alert(n+" Es primo ");
</script>
```

Algo muy interesante para enriquecer y relacionar los dos autómatas cíclicos (finito y mientras que) se presenta bajo dos antecedentes:

- Antecedente 1: Existe un conteo ó rango que comprende un limite inferior hasta limite superior
- Antecedente 2: Cuando el índice que controla el conteo o rango esta presente en los condicionantes de la condición de Permanencia.

En el caso de verificar si el número n es primo o no.
El índice i se establece entre 2 hasta n/2(condicionante 1)
El residuo(n,i) no sea 0 (condicionante 2)

Por lo tanto, se puede realizar también en el autómata de ciclo finito con condición de permanencia

Sintaxis JavaScript:

for(a; b; d);

E0.
 Lea n
 CP:: i<=n/2 AND residuo(n,i) no sea 0 , ó sea, n no sea múltiplo de i

Autómata del Primo
a. i = 2

b. si i<=n/2 AND residuo(n,i) no sea 0

c.

d. i = i + 1

 ir a b

Fin Autómata del Primo

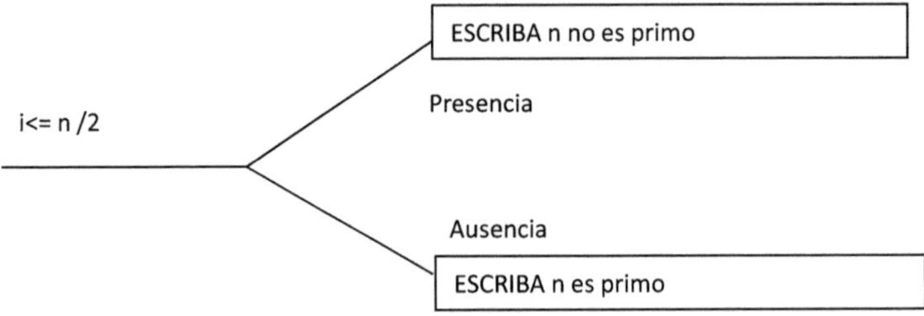

Programa JavaScript

```
<script>
 var i,n;
 n=prompt ("Numero a Evaluar:",1)
 n=parseInt(n)
 for (i=2;i<=n/2 && n%i!=0;i++);
 if(i<=n/2)
 alert (n+" No es primo ");
 else
 alert (n+" Es primo ");
</script>
```

```
whilejs4.htm
1  <html>
2  <head>
3  <title></title>
4  </head>
5  <body>
6  <script>
7      var i,n;
8      n=prompt("Numero a Evaluar:",1)
9      n=parseInt(n)
10     for(i=2;i<=n/2 && n%i!=0;i++);
11     if(i<=n/2)
12        alert(n+" No es primo ");
13          else
14        alert(n+" Es primo ");
15 </script>
16 </body>
17 </html>
```

Búsqueda Lineal en un Vector Ordenado

En este ejercicio se va a hacer uso del objeto predefinido Array con
el método sort que obtiene el arreglo de manera ordenada.

```
<script>
 var i,j,n,x;
 var cadena="Vector A Sin Ordenar: "
 n=prompt("Dimension:",1)
 n=parseInt(n)
 var A=new Array(n)
 for (i=0; i<n; i++) //Para las filas 0 hasta n-1
 {
 A[i] = Math.round(Math.random()*49)+1;
 cadena=cadena+A[i]+" "
 }
 alert(cadena);
 A. sort ()
 cadena="Vector A Ordenado: "
 for (i=0; i<n; i++) //Para las filas 0 hasta n-1
 {
 cadena=cadena+A[i]+" "
 }
 alert(cadena);
 x=prompt ("Valor a Buscar:",1)
 x=parseInt(x)
 i=0;
 while (i<A.length && A[i]<x)//A. length es la dimension del
vector A
 i++;
 if(i<A.length && A[i]==x)
       alert ("Existe: "+x+" en la Posicion: "+i);
 else
       alert ("No Existe ");
</script>
```

whilejs5.htm

```
<script>
    var i,j,n,x;
    var cadena="Vector A Sin Ordenar: "
    n=prompt("Dimension:",1)
    n=parseInt(n)
    var A=new Array(n)
    for(i=0; i<n; i++) //Para las filas 0 hasta n-1
    {
      A[i] = Math.round(Math.random()*49)+1;
      cadena=cadena+A[i]+" "
    }
    alert(cadena);
    A.sort()
    cadena="Vector A Ordenado: "
    for(i=0; i<n; i++) //Para las filas 0 hasta n-1
    {
    cadena=cadena+A[i]+" "
    }
    alert(cadena);
    x=prompt("Valor a Buscar:",1)
    x=parseInt(x)
    i=0;
    while(i<A.length && A[i]<x)//A.length es la dimension del vector A
        i++;
    if(i<A.length && A[i]==x)
        alert("Existe: "+x+" en la Posicion: "+i);
     else
        alert("No Existe ");
</script>
```

CICLO do…while

Se realiza una sentencia(s) siempre y cuando se presente una condición. Esta condición se denomina **Condición de Permanencia (CP).**

Semánticamente se expresa como **Haga** las sentencias **Mientras que** se cumpla con la condición de Permanencia.

Es muy importante, tener en cuenta que la condición cambie de valor en algún instante.

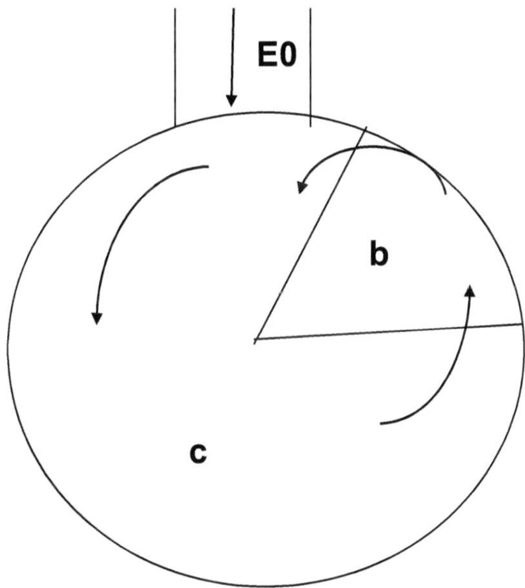

Este Autómata realizar sentencias (momento c) y después evalúa la condición de Permanencia, por eso se denomina Autómata de **Post Condición de Permanencia**

MOMENTOS	QUE PASA
E0	Estado Previo al Autómata
c.	Sentencia(s)
b.	Si se cumple CP (Condición de Permanencia) ir al Momento c
e.	Condición de Salida = negacion(CP)

SINTAXIS JavaScript:

do
{
 c
}
while(b);

> **do {**
> ... sentencias que se ejecutan mientras la condición
> se cumpla
> **} while (**condición de Permanencia**);**

Donde
c::- ; | <Sentencia> | <Bloque de Sentencias>

El BNF es el siguiente:

<condición de Permanencia>: : - < condicionante > ∫ <operador lógico> <condicionante>
<operador lógico>:: - && | |
<condicionante>:: - < variable > <operador de relación> <operación>
<operador de relación>:: - > < >= <= == !=
<operación>:: - <operando> ∫ <operador aritmético> <operando>
<operando>:: - <variable> | <numero>
<operador aritmético>:: - + / * -

Validación de un Numero

Se desea que una Nota este entre 1…10
E0:
Condición de Permanencia (CP)
En este caso se aplica la conceptualización de:
CP = negación (Condición de Salida – CS)
CS:: nota>= 1 && nota < = 10 ; entonces
CP:: nota< 1 || nota > 10
Autómata Haga Mientras Que
  c. Lea Nota
  b. Si nota< 1 || nota > 10 ir a c
Fin Autómata Haga Mientras Que

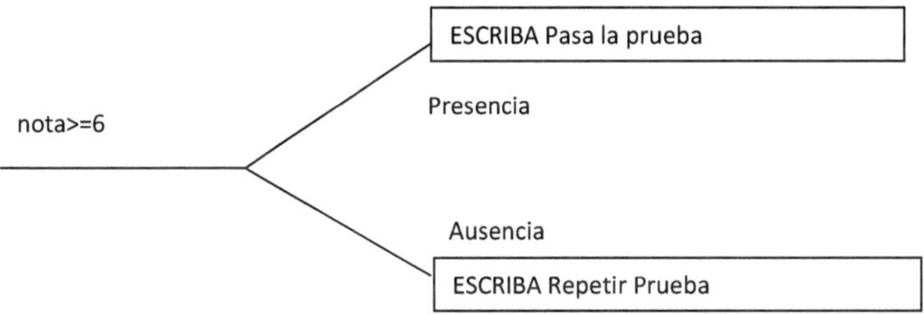

Programa JavaScript

```
<script>
var nota;
do
{
nota=prompt ("Nota [1..10]:",1)
nota=parseInt(nota)
}
while (nota<1 || nota>10);
if(nota>=6)
```

```
alert(" Paso la Prueba ");
else
alert(" Perdio...repetir la Prueba ");
</script>
```

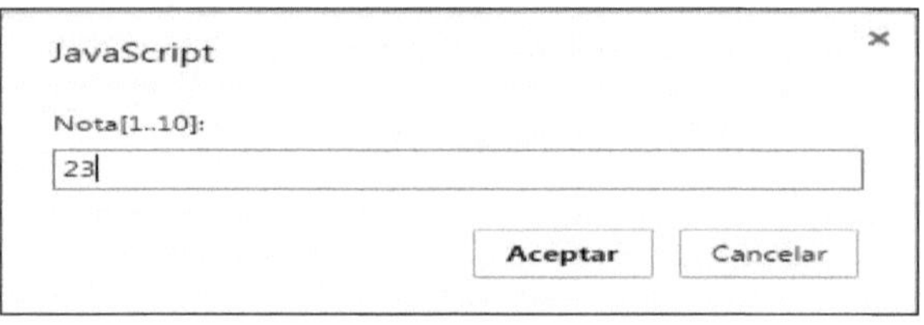

```
dowhilejs1.htm
1  <html>
2  <head>
3  <title></title>
4  </head>
5  <body>
6  <script>
7      var nota;
8      do
9      {
10        nota=prompt("Nota[1..10]:",1)
11        nota=parseInt(nota)
12     }
13     while(nota<1 || nota>10);
14     if(nota>=6)
15     alert(" Paso la Prueba    ");
16        else
17        alert(" Perdio...repetir la Prueba   ");
18 </script>
19 </body>
20 </html>
```

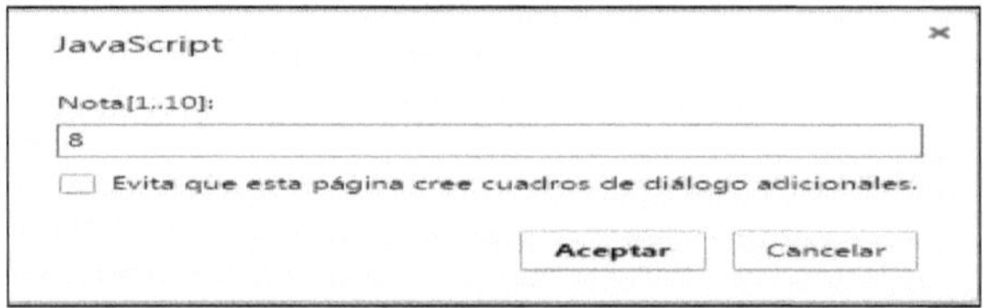

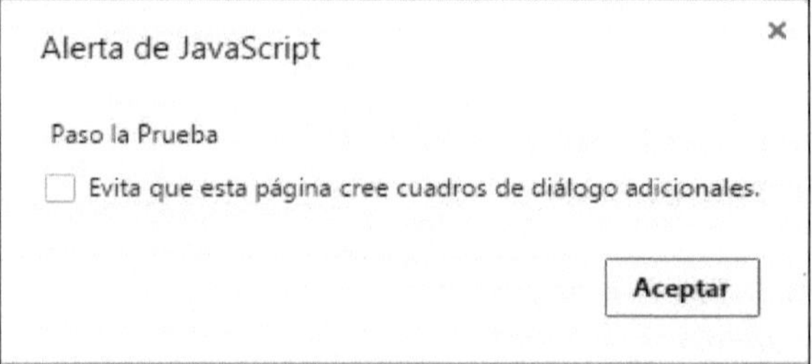

Búsqueda Binaria

Previamente debe estar ordenado el Vector
Se deben declarar tres índices minimo, maximo y mitad
Se debe buscar un numero x en la mitad de la mitad del vector
donde mitad= (minimo+maximo) /2

E0:
 Constante Entera n = 10
 Entera A [n] Se declara el Vector A de n – posiciones
 Autómata de lectura de vector
 Autómata de Escritura de Vector
 Autómata de Ordenamiento de Vector
 Autómata de Escritura de Vector
 minimo=0
 maximo=n-1
 Lea x // valor a buscar
Condición de Permanencia (CP)
En este caso se aplica la conceptualización de:
CP = negación (Condición de Salida – CS-)
CS:: minimo > maximo || A[mitad] == x
CP:: minimo <= maximo || A[mitad] no es igual a x

Autómata Haga Mientras Que
mitad = (minimo+maximo) /2

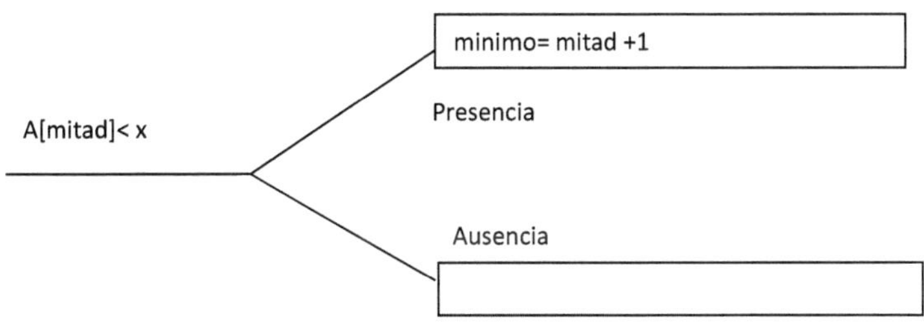

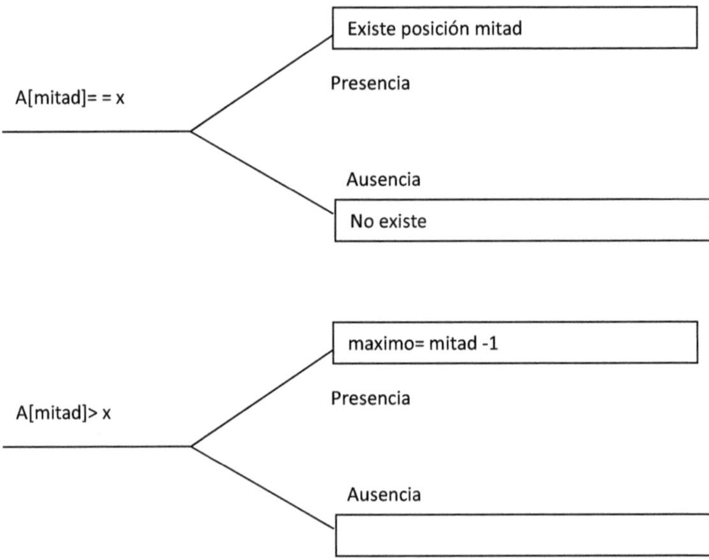

Si minimo <= maximo || A[mitad] no es igual a x vaya a c.
Fin Autómata Haga Mientras Que

Programa JavaScript

```
<script>
 var i,j,n,x,menor,mayor,mitad;
 var cadena=""
 n=prompt("Dimension:",1)
 n=parseInt(n)
 var A=new Array(n)
 for (i=0; i<n; i++) //Para las filas 0 hasta n-1
 {
 A[i] = Math.round(Math.random()*49)+1;
 cadena=cadena+A[i]+" "
 }
 A. sort ()
```

```
cadena="Vector A Ordenado: "
for (i=0; i<n; i++) //Para las filas 0 hasta n-1
{
cadena=cadena+A[i]+" "
}
alert(cadena);
x=prompt ("Valor a Buscar:",1)
x=parseInt(x)
i=0;
menor=0;
mayor=A.length-1;
do
{
mitad=Math.trunc((menor+mayor)/2);
if(A[mitad]>x)
    mayor=mitad-1;
    if(A[mitad]<x)
        menor=mitad+1;
    }
while(A[mitad]!=x && mayor>=menor);
if(A[mitad]==x)
        alert("Existe: "+x+" en la Posicion: "+mitad);
        else
        alert("No Existe ");
</script>
```

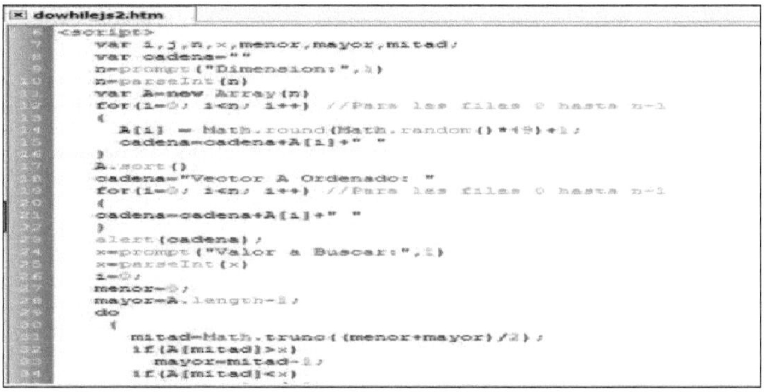

Cláusulas de Ruptura o Continuidad del ciclo

Los ciclos for, while, do while tienen asociadas dos clausulas para quebrar o ir al momento de evaluación de la condición de permanencia que son:

break
Hace que se abandone inmediatamente el bucle en el que está inmerso.

continue
Se dejar de leer las siguientes instrucciones del bucle y saltar al momento de evaluación de la condición de permanencia.

SENTENCIA DE SELECCIÓN switch

Se toma como base el Autómata de Selección que de Acuerdo al valor de una y solamente una variable se realiza una acción.

La Categoría de Selección se da mediante:

    Atómico: Valor Unico.
    Conjunto de Valores: Valor1, Valor2, Valor3
    Cota: >= Valor
    <= Valor
    < Valor
    > Valor
    SINO: Cuando no se presenta los anteriores valores

También se puede crear un árbol de selección así:

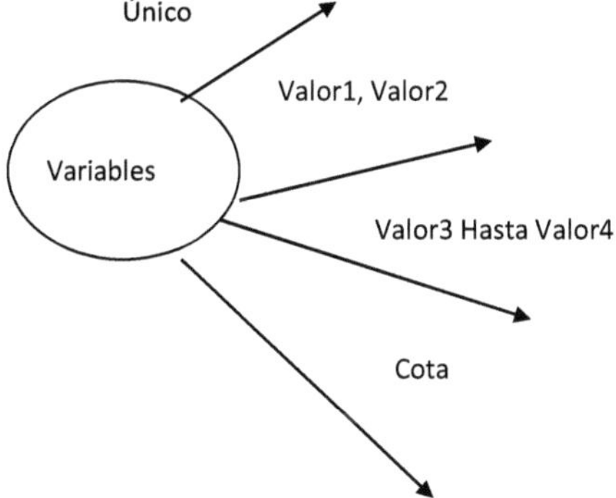

En el caso del lenguaje JavaScript la categoría de selección es
Único.

Sintaxis JavaScript:

```
switch(variable)
{
 case valor1 :
   <sentencia> | <conjunto de sentencias>
   [ break; ]
 case valor2 :
   <sentencia> | <conjunto de sentencias>
   [ break; ]

 [ default:
 <sentencia> | <conjunto de sentencias>
 ]
}
```

La cláusula break: Es opcional. Rompe la continuidad de casos.

La cláusula default: Es opcional. Cuando el valor de variable no está
en el rango o caso de valores.

Ejemplo:

Se desea clasificar por edades del 1 al 9.

La edad del 2 al 4 es Párvulos
La edad del 5 al 6 es Kinder
La edad del 7 al 9 es Infantil

```
switch (edad)
{
 case 2:
 case 3:
 case 4:
   cout<<" Parvulos ";
   break;
 case 5:
 case 6:
   cout<<" Kinder ";
   break;
 case 7:
 case 8:
 case 9:
   cout<<"Infantil";
 default:
   cout<<" Mal Leída la Edad";
}
```

Si la edad leída es de valor 3 se toma el caso 3 y 4 caso escribiendo "Párvulos" y se sale del switch por la cláusula break

Si la edad leída no está en el rango de 2 al 9 se activa el segmento default imprimiendo

Mal Leída la Edad

Se Identifica la Categoría según la Edad.

La edad del 2 al 4 es Párvulos
La edad del 5 al 6 es Kinder
La edad del 7 al 9 es Infantil
E0:
Lea Edad

Autómata de Selección

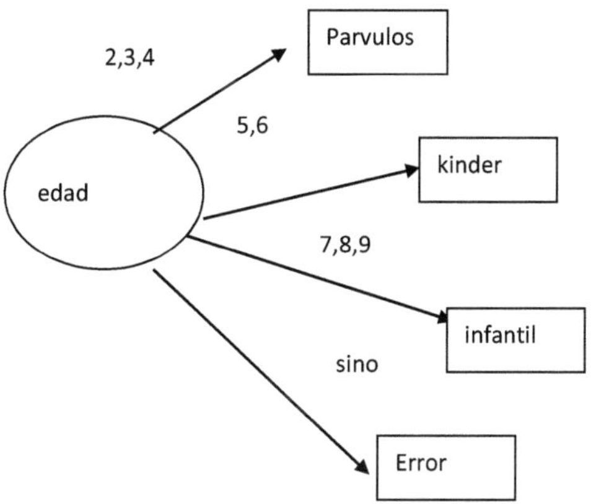

Programa en JavaScript

```
<script>
 var edad;
 do
 {
 edad=prompt ("Edad [1..9]:",2)
 edad=parseInt(edad)
 }
 while (edad<2 || edad>9);
 switch (edad)
 {
 case 2:
 case 3:
 case 4:
```

```javascript
 alert("Parvulos ");
 break;
case 5:
case 6:
 alert("Kinder ");
 break;
case 7:
case 8:
case 9:
 alert("Infantil");
default:
 alert("Mal Leida la Edad");
 }
</script>
```

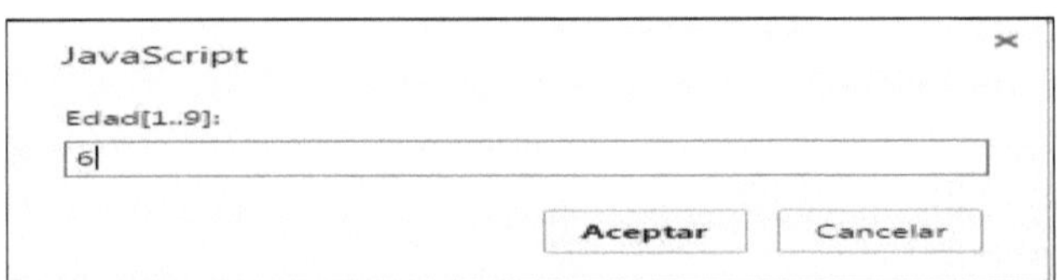

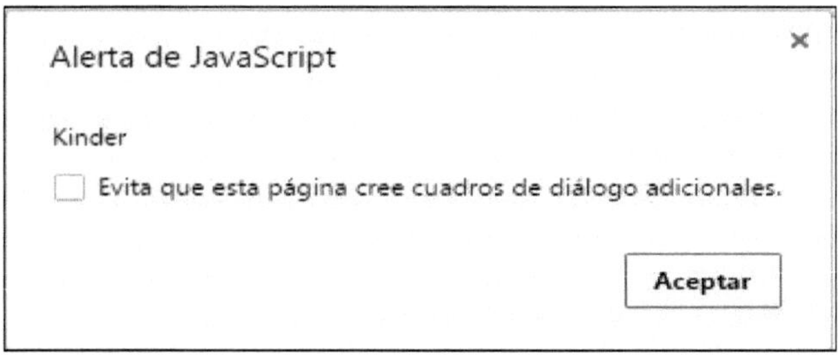

Alerta de JavaScript

Kinder

Evita que esta página cree cuadros de diálogo adicionales.

Aceptar

Identificar Digito: Unidad, decena, centena, mil de un número

Autómata Haga Mientras Que (Validar que el numero este entre 1…9999)
  c.
  Lea numero
  b. si numero <1 || numero> 9999 ir a c
 Fin Autómata Haga Mientras Que (Validar que el numero este entre 1…9999)

Autómata Digitalizar el número (visto previamente)

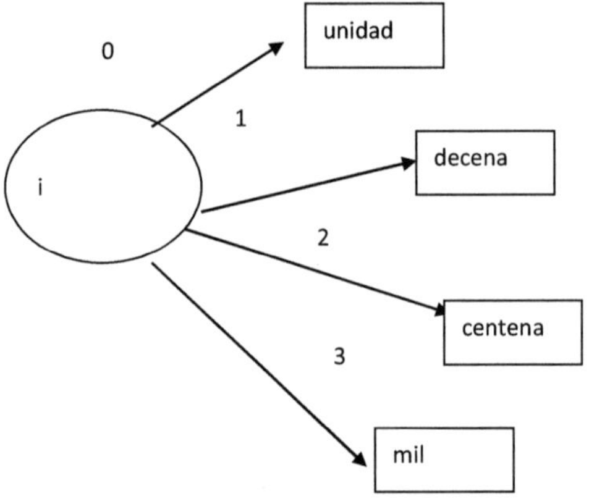

Programa en JavaScript

```
<script>
var n=4,i,x,tope=-1;
var cadena=" "
do
{
x=prompt ("Numero [1000...9999]:",1000)
x=parseInt(x)
}
```

```javascript
 while (x<1000 || x>9999);
var A=new Array(n)
while(x>0)
{
 tope++;
 A[tope]= x % 10;
 x=Math.trunc(x/10)  ;//Se  obtiene  la  parte  entera  del
numero
}
for (i=0; i<=n; i++)
 switch(i)
 {
      case 0:
            cadena=cadena+("Unidad: "+A[i]+" ");
            break;
      case 1:
            cadena=cadena+("Decena: "+A[i]+" ");
            break;
  case 2:
            cadena=cadena+("Centena: "+A[i]+" ");
            break;
  case 3:
            cadena=cadena+("Mil: "+A[i]+" ");
            break;
 }
alert(cadena)
</script>
```

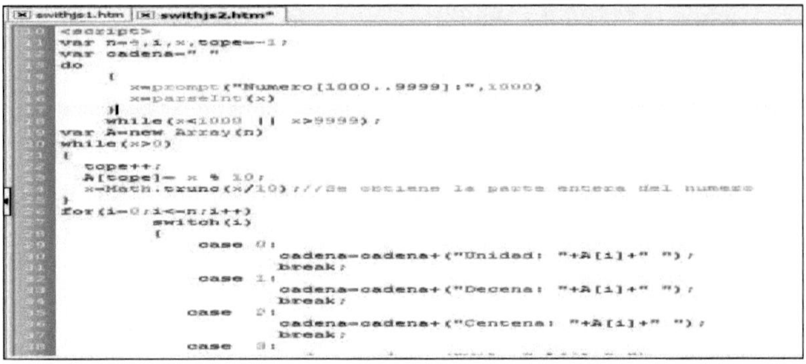

```
<script>
var n=4,i,x,tope=-1;
var cadena=" "
do
    {
        x=prompt("Numero[1000..9999]:",1000)
        x=parseInt(x)
    }
    while(x<1000 || x>9999);
var A=new Array(n)
while(x>0)
{
   tope++;
   A[tope]= x % 10;
   x=Math.trunc(x/10)//Se obtiene la parte entera del numero
}
for(i=0;i<=n;i++)
          switch(i)
          {
               case 0:
                         cadena=cadena+("Unidad: "+A[i]+" ");
                         break;
               case 1:
                         cadena=cadena+("Decena: "+A[i]+" ");
                         break;
             case 2:
                         cadena=cadena+("Centena: "+A[i]+" ");
                         break;
             case 3:
```

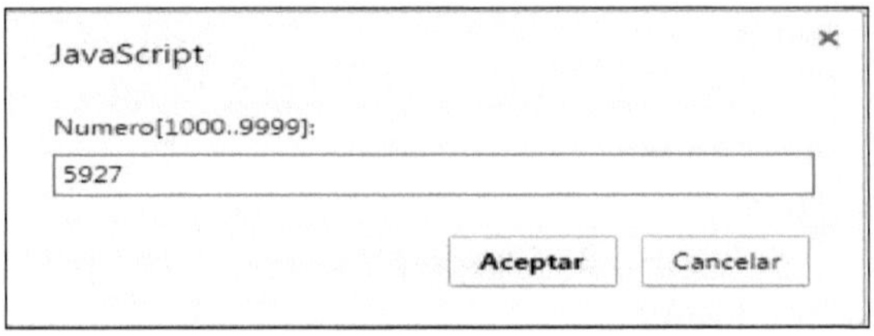

JavaScript
Numero[1000..9999]:
5927
Aceptar
Cancelar

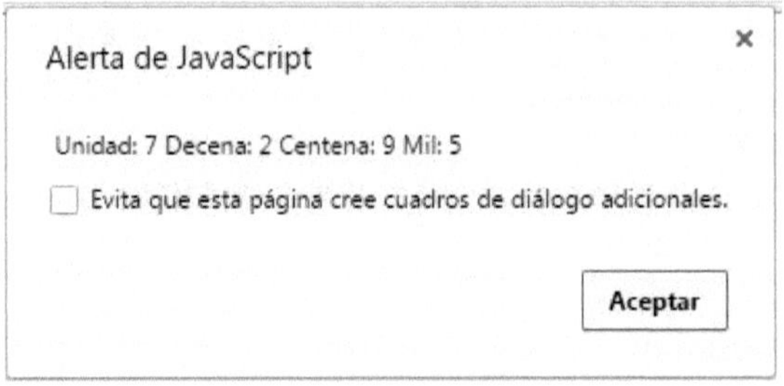

Alerta de JavaScript
Unidad: 7 Decena: 2 Centena: 9 Mil: 5
Evita que esta página cree cuadros de diálogo adicionales.
Aceptar

CAPITULO 2. PROGRAMACION MODULAR

¿QUÉ ES LA PROGRAMACION MODULAR?

En la cultura popular, **divide y vencerás** hace referencia a un refrán que implica resolver un problema difícil, dividiéndolo en partes más simples tantas veces como sea necesario, hasta que la resolución de las partes se torna obvia. La solución del problema principal se construye con las soluciones encontradas.

El método está basado en la resolución recursiva de un problema dividiéndolo en dos o más subproblemas de igual tipo o similar. El proceso continúa hasta que éstos llegan a ser lo suficientemente sencillos como para que se resuelvan directamente. Al final, las soluciones a cada uno de los subproblemas se combinan para dar una solución al problema original.

En Lógica de programación se conoce el termino de Modularidad como la capacidad de dividir el problema en subproblemas independientes entre si para dar solución a cada uno de ellos.
Eso quiere decir, que se parte de un problema general y se dan soluciones específicas a cada subproblema y se desea que cada subproblema sea independiente de los demás.

Cada solución de un subproblema se conoce con el nombre **de módulo o subprograma**.

Cada módulo o subproblema realiza tareas específicas.

En el paradigma de la programación orientada a objetos los módulos o subprogramas se denominan **métodos**.

La programación que se basa en módulos o subprogramas se denomina **Programación Modular**.

Un ejemplo de programación modular es el siguiente:

Un profesor quiere crear un programa para gestionar las notas de sus alumnos. Quiere que dicho programa le permita realizar tareas tales como asignar notas, cambiar notas, ver las notas según distintas calificaciones, etc. A continuación, se tiene un gráfico que representa una de las posibles divisiones del problema en módulos.

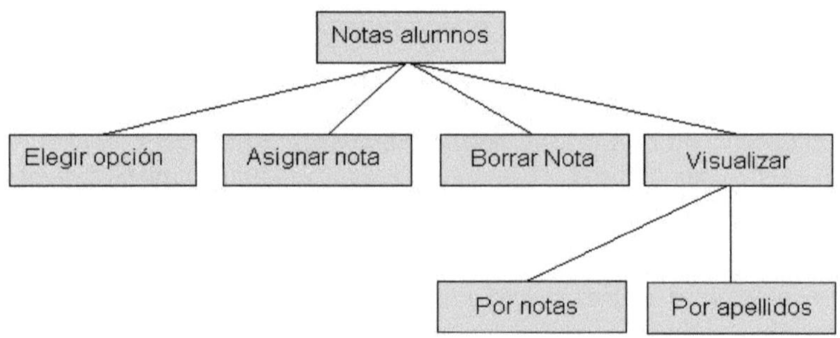

CARACTERISTICAS DE LA PROGRAMACION MODULAR

1. La semántica de variables y constantes:

Global. Se reconoce en todos los módulos o subprogramas
En el caso del lenguaje de programación orientado a objetos C++ o java se declara antes del desarrollo del primer método o antes de un método main (Declarativa)
Se declara una sola vez (Única en el ambiente Global)

Local. Se reconoce en el módulo o subprograma que la declara (Declarativa)
Se declara una sola vez (Única en el módulo o subprograma)

2. La estructura de un Módulo.

Encabezado del Módulo o Subprograma
 Cuerpo
 <Declaración de Variables locales>
 <Sentencias>
 FinCuerpo

3. Comunicación con un Módulo o Subprograma

La comunicación con un módulo o subprograma se hace mediante un llamado o se invoca desde otro módulo o un programa principal denominado main ().

En el caso del ejemplo de Notas Alumno el programa principal o main () puede llamar a los módulos Asignar Notas, Borrar Nota, Visualizar

Entonces, un Módulo o Subprograma main () puede tener la siguiente estructura:

Encabezado del Módulo o Subprograma
Cuerpo
 <Declaración de Variables locales>
 <Sentencias>
 Llamado a Módulos o Subprogramas
 FinCuerpo

En el llamado a Módulos o Subprogramas se puede utilizar una comunicación con Argumentos o sin Argumentos.

4. Argumento

Son los valores o nombres de las variables (por referencia) que viajan entre el Módulo o subprograma principal y el módulo llamado.

En algunos casos, se habla de lista de Argumentos.

Encabezado del Módulo o Subprograma
Cuerpo
 <Declaración de Variables locales>
 <Sentencias>
 Llamado a Módulos o Subprogramas (lista de Argumentos)
 FinCuerpo

5. Parámetro

Son las variables en el subprograma o módulo que reciben los valores o nombres de las variables (por referencia) que viajan desde el Módulo o subprograma principal que llama.

La semántica de cómo pueden ser declarados los argumentos y cómo estos argumentos son pasados a los parámetros de los Módulos o Subprogramas, son definidos por cada lenguaje de programación. Por lo tanto, esta semántica no es problema de la Lógica de Programación.

Pero se debe tener en cuenta, el número de argumentos que son enviados deben ser iguales al número de parámetros recibidos.

El parámetro o lista de parámetros se colocan en el encabezado del Módulo o subprograma:

Encabezado del Módulo o Subprograma (lista de parámetros)
Cuerpo
 <Declaración de Variables locales>
 <Sentencias>
FinCuerpo

Ejemplo:

main ()
Cuerpo
 Entero a, b
 Lea a
 Lea b
 Suma (a, b)
FinCuerpo

Encabezado del Módulo Suma (c, d)
Cuerpo
FinCuerpo

Análisis:

a. Suma (a, b) es el llamado al módulo Suma

b. Suma (a, b) los argumentos son a, b

c. Módulo Suma (c, d) Es el encabezado del módulo Suma

d. Módulo Suma (c, d) los parámetros son c, d

e. El número de argumentos como el número de parámetros son iguales

6.   Tipos de Módulos o Subprogramas

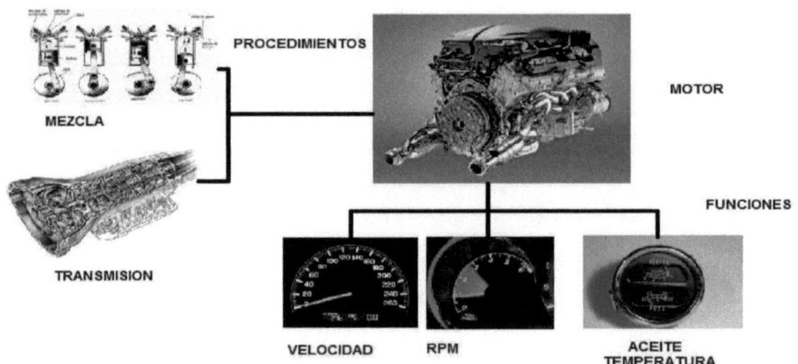

En el caso del Motor de un automóvil se puede analizar que:

- Existen valores que pueden ser devueltos a medida que el motor este encendido y en Marcha (ejecución) como los de velocidad (KM/Hora), revoluciones por minuto (RPM), temperatura de agua, nivel de aceite
- Hay tareas que realiza el motor sin devolver valor como es la mezcla de aire, aceite, agua, combustible y la transmisión (cambios hacia adelante y hacia atrás)

Una **funcion** es un módulo que realiza una tarea específica y que puede regresar un valor al módulo o subprograma principal que la invoque. Se debe utilizar la palabra Retorno acompañado del valor o variable.

Funcion NombreFuncion (lista de parametros)
Cuerpo
 <Declaración de Variables locales>
 <Sentencias>
 Retorno valor o variable
FinCuerpo

Ejemplo:

```
main ()
Cuerpo
 Entero a, b, e
 Lea a
 Lea b
 e=Suma (a, b)
 Escriba e
FinCuerpo

Funcion Suma (c, d)
Cuerpo
 Entero r
 r=c+d
 Retorno r
FinCuerpo
```

Análisis:

a. Se leen las variables a y b
b. Se llama la funcion Suma con argumentos a y b
c. Los valores de a y b son recibidos en la funcion Suma como parámetros c y d
d. Se suman c y d en r
e. Se retorna el valor de r
f. El valor de la suma se retorna en la variable r del subprograma main ()

La siguiente gráfica representa lo expuesto con anterioridad:

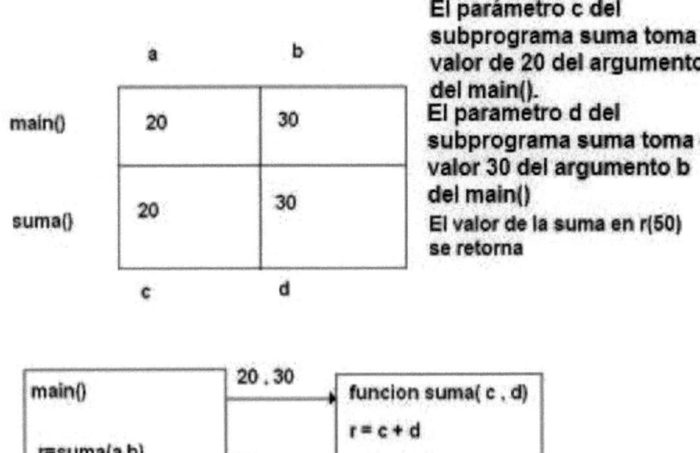

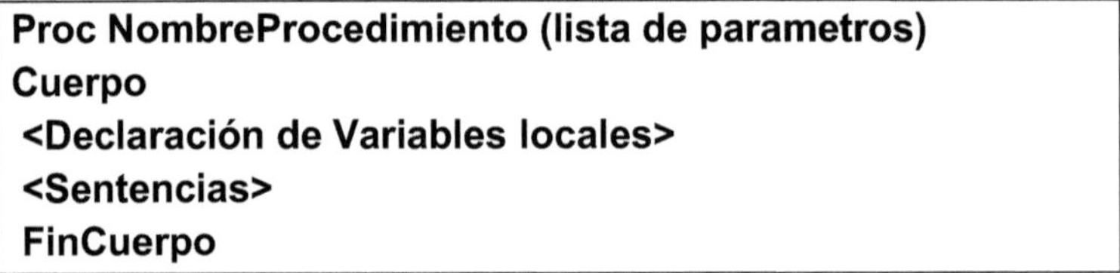

Un Procedimiento es un módulo que realiza una tarea específica y que no regresa un valor al módulo o subprograma principal que la invoque.

Proc NombreProcedimiento (lista de parametros)
Cuerpo
 <Declaración de Variables locales>
 <Sentencias>
FinCuerpo

Ejemplo:

main ()
Cuerpo
 Entero a, b, e
 Lea a
 Lea b
 Suma (a, b)
FinCuerpo

```
Proc Suma (c, d)
Cuerpo
 Entero r
 r=c+d
 Escriba r
 FinCuerpo
```

Análisis:

a. Se leen las variables a y b
b. Se llama la funcion Suma con argumentos a y b
c. Los valores de a y b son recibidos en el procedimiento Suma
   como parámetros c y d
d. Se suman c y d en r
e. Se escribe el valor de r
f. El flujo continuo a la sentencia después del llamado suma (a,
   b)

La siguiente gráfica representa lo expuesto con anterioridad:

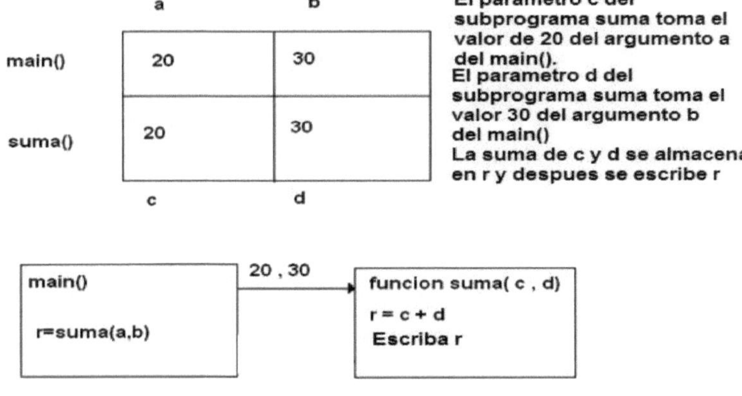

7. El sentido de la programación Modular

La programación Modular puede tener dos sentidos:

COLECCION O LIBRERÍA DE MÓDULOS	CON UN MAIN
Variables Globales Módulo1(<lista de parametros> Cuerpo <variables locales> <sentencias> FinCuerpo Módulo2(<lista de parametros> Cuerpo <variables locales> <sentencias> FinCuerpo	Variables Globales Módulo1(<lista de parametros> Cuerpo <variables locales> <sentencias> FinCuerpo Módulo2(<lista de parametros> Cuerpo <variables locales> <sentencias> FinCuerpo Módulo main () Cuerpo <variables locales> <sentencias> Llamado a Módulos FinCuerpo

Ejemplo para tener en cuenta:

Lectura y escritura de un vector, encontrar el mayor y el menor de un vector

```
Constante Entero n=5
Entero A[n]    Variables y Constantes Globales
Entero i, j
Proc main ()
Cuerpo
 lectura ()
 escritura ()
 Escriba Min ()
 Escriba Max ()
 FinCuerpo

Proc lectura ()
Cuerpo
Para (i=1; i<=n; i++)
 Escriba "A [", i,"]:"
 Lea A[i]
FinPara
FinCuerpo

Proc escritura ()
Cuerpo
Escriba " vector leido ",
Para (i=1; i<=n; i++)
 Escriba A[i]," "
 FinPara
FinCuerpo

Funcion Min ()
Cuerpo
 Entero Menor
 Para (i=1; i<=n; i++)
 Si (i==0) Entonces
 Menor=A[i]
  Sino
  Si (A[i]<Menor) Entonces
  Menor=A[i]
```

```
 FinSi
FinSi
FinPara
FinPara
Retorno Menor
FinCuerpo
Funcion Max ()
Cuerpo
Entero Mayor
Para (i=1; i<=n; i++)
Si (i==0) Entonces
Mayor=A[i]
 Sino
 Si (A[i]>Mayor) Entonces
 Mayor=A[i]
 FinSi
FinSi
FinPara
FinPara
Retorno Menor
FinCuerpo
```

PROGRAMACION MODULAR JAVASCRIPT

La programación Modular se fundamenta en funciones. Una función en JavaScript es un conjunto de sentencias o instrucciones delimitadas por {}. Una función puede o no retornar un valor

Definición de una función

Antes de poder usar una función en el código de la página, se la debe definir; es decir, se debe indicar qué operaciones son las que debe hacer la función. La definición de la función es:

```
function nombredelafunción (parametro1, parametro2, ...)
{
instrucciones que debe realizar la función
}
```

El código que está encerrado entre llaves {} indica lo que realiza la función (por ejemplo, mostrar un mensaje de ayuda), cada vez que desde el código se llame a la función, ésta realizará sus instrucciones.

Por otro lado, los parametros son variables que algunas funciones necesitan para realizar su tarea.

Llamar a una función

Para usar (invocar) una función en el script, basta con poner su nombre seguido de los paréntesis.

```
nombre funcion ();
```

Donde se Coloca

Se deben colocar en el bloque <head>...</head>

```
1   <html>
2
3   <head>
4   <script>
5   function nombredelafunción(parametro1, parametro2,...)
6   {
7   instrucciones que debe realizar la función
8   }
9   </script>
10  </head>
11
12  <body>
13  <script>
14  llamadofuncion();
15  </script>
16  </body>
17
18  </html>
```

Entonces, la programación modular de JavaScript tiene el siguiente sentido para la declaración e implementación de funciones como el llamado de las mismas dentro de una pagina HTML:

CON UN MAIN	PROGRAMACION MODULAR JAVASCRIPT
	<html>
	<head>
	<script>
Variables Globales	var variableglobal=…..
Módulo1(<lista de parametros>	function nombrefuncion1()
Cuerpo	{
<variables locales>	var variable local=….
<sentencias>	<sentencias>
FinCuerpo	}
Módulo2(<lista de parametros>	function nombrefuncion2()
Cuerpo	{
<variables locales>	var variable local=….
<sentencias>	<sentencias>
FinCuerpo	}
	</script>
	</head>
	<body>
Módulo main ()	<script>
Cuerpo	
<variables locales>	<variables locales>
<sentencias>	<sentencias>
Llamado a Módulos	nombrefuncion1();
	nombrefuncion2();
FinCuerpo	</script>
	</body>
	</html>

Retornar el valor

Mediante la cláusula return se puede retornar un valor producto de operaciones de la function.
Sintaxis: return valor;

Primer Ejercicio Factorial:

```html
<html>
<head>
<title>fACTORIAL</title>
<script>
function factorial(n)
{
var k=1, i;
for (i=1; i<= n; i++)
 k*=i;
return k;
}
</script>
</head>

<body>
<script>
var x, m;
m=prompt("Factorial:",1)
m=parseInt(m)
x=factorial(m)
alert ("Factorial de:"+m+" es: "+x);
</script>
</body>
</html>
```

✕ functionjs1.htm*

```html
1  <html>
2  <head>
3  <title>fACTORIAL</title>
4  <script>
5  function factorial(n)
6  {
7  var k=1,i;
8  for(i=1; i<= n; i++)
9   k*=i;
10 return  k;
11 }
12 </script>
13 </head>
14
15 <body>
16 <script>
17 var x,m;
18 m=prompt("Factorial:",1)
19 m=parseInt(m)
20 x=factorial(m)
21 alert("Factorial de:"+m+" es: "+x);
22 </script>
23 </body>
24 </html>
```

Segundo Ejercicio Fibonacci:

```
<html>
<head>
<title>Fibonacci</title>
<script>
function fibonacci(n)
{
var padre=0, abuelo=1, nieto=0, i;
 var serie=" "
 for (i=1; i<= n; i++)
 {
 nieto=padre+abuelo
 serie=serie+nieto+" "//Concatenar
 abuelo=padre
 padre=nieto
 }
return serie;
}
</script>
</head>
<body>
<script>
var x, m;
m=prompt ("Termino Fibonacci:",1)
m=parseInt(m)
x=fibonacci(m)
alert ("Termino Fibonacci:"+m+" es: "+x);
</script>
</body>
</html>
```

```
functionjs2.htm
1  <html>
2  <head>
3  <title>FIBONACCI</title>
4  <script>
5  function fibonacci(n)
6  {
7  var padre=0,abuelo=1,nieto=0,i;
8      var serie=" "
9      for(i=1; i<= n; i++)
10     {
11        nieto=padre+abuelo
12        serie=serie+nieto+" "//Concatenar
13        abuelo=padre
14        padre=nieto
15     }
16  return  serie;
17  }
18  </script>
19  </head>
20  <body>
21  <script>
22  var x,m;
23  m=prompt("Termino Fibonacci:",1)
24  m=parseInt(m)
25  x=fibonacci(m)
26  alert("Termino Fibonacci :"+m+" es: "+x);
27  </script>
28  </body>
29  </html>
```

Tercer Ejercicio Numeros Primos de 2...100:

```html
<html>
<head>
<title>PRIMOS</title>
<script>
function primo(n)
{
 var i=2;
 while (i<=n/2 && n%i! =0)
 i++;
 if(i>n/2)
 return true;// es primo
 else
 return false; // no es primo
}
</script>
</head>
<body>
<script>
var x, k;
cadena=" "
for(k=2;k<=100;k++)
 if(primo(k)) // se verifica si es primo
 cadena=cadena+k+" "
alert ("Numeros Primos de 2...100:"+cadena);
</script>
</body>
</html>
```

```
functionjs3.htm

1  <html>
2  <head>
3  <title>PRIMOS</title>
4  <script>
5  function primo(n)
6  {
7      var i=2;
8      while(i<=n/2 && n%i!=0)
9        i++;
10     if(i>n/2)
11       return true;// es primo
12        else
13        return false; // no es primo
14 }
15 </script>
16 </head>
17 <body>
18 <script>
19 var x,k;
20 cadena=" "
21 for(k=2;k<=100;k++)
22  if(primo(k))// se verifica si es primo
23    cadena=cadena+k+"    "
24 alert("Numeros Primos de 2...100 :"+cadena);
25 </script>
26 </body>
27 </html>
```

FUNCIONES PREDEFINIDAS

JavaScript trae consigo muchas funciones predefinidas. Se señala aquí algunas de las más importantes:

eval (textoCódigo). La función eval tiene un único parámetro que es una cadena de texto. Esta función hace que el texto sea interpretado como si fuera código normal de JavaScript. Ejemplo:

```
eval("alert('Hola')");
```

parseInt (textoNúmero, base). Convierte el texto (que debe tener cifras numéricas) a formato de número. El segundo parámetro es opcional y representa la base del número, ejemplo:

```
alert (parseInt ("110011",2)) ;//Sale 51
```

Si la conversión no es posible, devuelve el valor NaN (Not a Number) que indica que la variable numérica posee un valor inválido

parseFloat(textoNúmero). Convierte el texto (que debe tener cifras numéricas) a formato de número con decimales.

escape(texto). Muestra el código ASCII de los símbolos del texto. Cada número en el resultado va precedido del símbolo % y el código ASCII sale en forma Hexadecimal.

unescape(texto). Hace justo lo inverso del anterior. Devuelve los códigos que representan los códigos ASCII en forma de texto que se le pasa como parámetro.

CAPITULO 3. PROGRAMACION ORIENTADA A OBJETOS (POO) EN JAVASCRIPT

PROGRAMACION ORIENTADA A OBJETOS

Un objeto es nada más ni nada menos que aquello que está delante de mí o ante mí. Es aquello que puedo reconocer con sus atributos(propiedades) y comportamiento.

Para reconocer el objeto debo:

- **Percibirlo con los sentidos (Objeto Material)**
- **Utilizar una operación mental denominada abstracción o reflexión (Objeto Formal)**

Objeto es el concepto clave de la Programación Orientada a Objetos (POO), la idea de objeto es similar a la del mundo real, un objeto puede ser un auto, una cuenta bancaria, un Alumno.

El objeto como una unidad de atributos y propiedades

Los atributos se definen como los que podemos decir de un objeto. Las propiedades se definen como la relación de un atributo con su dominio de valores o los posibles valores que puede tener cada atributo.

Por ejemplo, del objeto Auto se puede señalar:

ATRIBUTO	DOMINIO DE VALOR
Marca	Chevrolet Mazda Renault
Año	1980 hasta 2015

ATRIBUTO	DOMINIO DE VALOR
Color	Verde Amarillo
Cilindraje	1000 1300
Dirección	Hidráulica Asistida Mecánica
Transmisión	Automática Mecánica
Encendido	Eléctrico Electrónico

Entonces:

- Marca: Mazda es una propiedad
- Modelo: 2015 es una propiedad

El Objeto Como Un Elemento Dinámico

Un objeto, desde el punto de vista dinámico tiene cuatro características:

1. **Comportamiento. Es el conjunto de estados con sus posibles eventos**
2. **Estado. Es el conjunto de propiedades de un objeto en un momento dado.**
3. **Evento. Es la transición o continuidad de un estado.**
4. **Actividad. Es lo que se puede hacer a partir de los atributos.**

Un ejemplo una cuenta de Ahorros puede tener el siguiente comportamiento:

Estados: Crear Cuenta, Normal (cuando el saldo es mayor que $100.000), Sin Ahorro (cuando el saldo es mayor que cero y menor o igual que $100.000), en rojo (cuando el saldo es menor que cero)

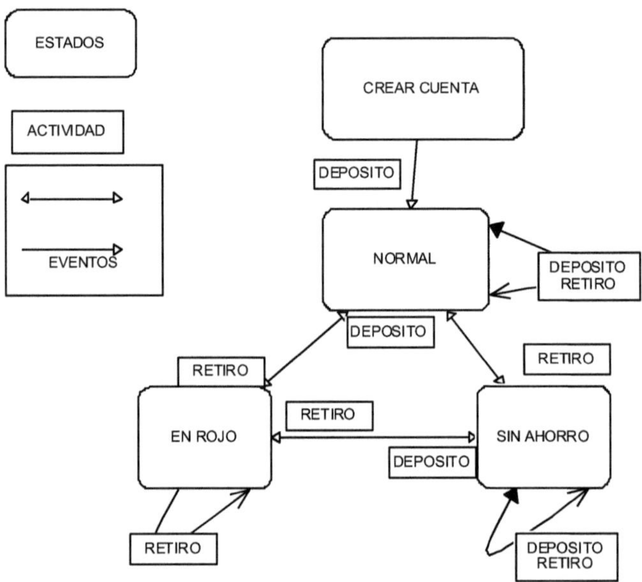

El Objeto Como Una Estructura

Entonces, se define un Objeto en POO como una estructura que posee atributos y actividades relacionadas. A los atributos ahora en adelante se definen como variables, y a las actividades se define como métodos.

Por tanto, un objeto es una estructura que posee variables y métodos relacionados con estas variables.

Representación De Un Objeto

Para representar un objeto se puede utilizar el siguiente diagrama de objetos:

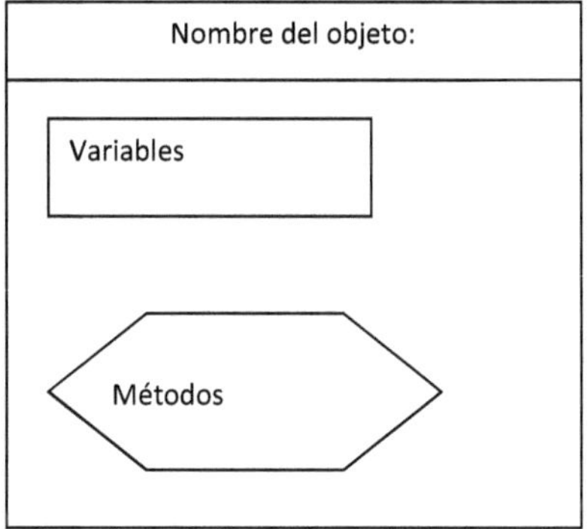

Un ejemplo de un objeto podría ser el siguiente:

Objeto: Cuenta bancaria
Atributos: tipo, titular, saldo.
Métodos: Depositar, Retirar

Aquí se ve la necesidad de que el atributo "saldo" sea solo accesible a través de los métodos "Deposito" y "Retiro"

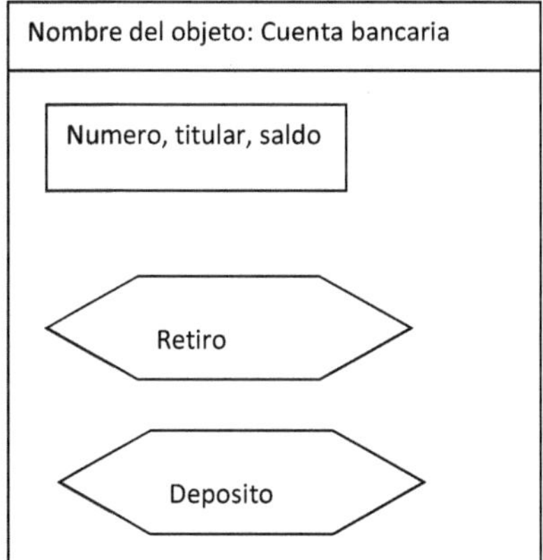

Clase

Una clase es algo abstracto que define la "forma" del objeto, se podría hablar de la clase como el molde o la plantilla de los objetos.

En el mundo real existen objetos del mismo tipo, por ejemplo, una cuenta bancaria es solo una más de todas cuentas bancarias de un banco. Entonces se dira que una cuenta bancaria es una instancia de la clase "Cuenta Bancaria". Todas las cuentas bancarias tienen los cuenta-habientes, número de cuenta, saldo, tipo y métodos: retirar, depositar, consultar, transferir.

Si se pensara de manera febril, la fábrica de cuentas bancarias utiliza moldes o plantillas para producir y ofrecer productos como cuenta corriente o cuenta de ahorros. Por lo tanto, de la misma forma en POO se utiliza la clase cuenta bancaria(molde) para producir sus instancias (objetos).

Los objetos son instancias de clases.

Ejemplo: Podríamos tener la clase Perro, una instancia de esta clase podría ser el objeto perro llamado "Balú". La clase Perro especificaría que todos los perros tendrían un nombre, color de pelo, raza, una altura. Mientras que la instancia "Balú" contendrá valores específicos para cada uno de estos atributos.

Podemos definir a una clase como una plantilla que define variables y métodos comunes para todos los objetos de cierto tipo.

Se representa una clase mediante un diagrama de clase, así:

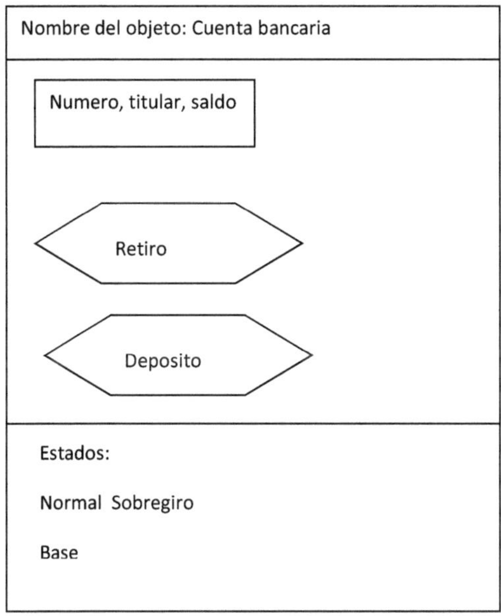

Es similar el diagrama de objetos con el diagrama de clase. Pero, al diagrama de clase se le ha adicionado los posibles estados que pueden tener los objetos que se instancian a partir de la clase.

Estos estados se determinan mediante una condición, a saberse:

- Normal:: saldo >10000
- Sobregiro:: saldo <0
- Base:: 0 < saldo < 10000

Herencia

Los sistemas orientados a objetos permiten definir clases en término de otras clases. Por ejemplo, cuenta corriente y cuenta de ahorros son diferentes tipos de cuentas bancarias. En la terminología orientada a objetos "Cuenta de Ahorros" y "Cuenta

Corriente" son **subclases** de la clase Cuenta. De forma similar Cuenta es la **superclase** de "Cuenta de Ahorros".

Entonces tenemos la siguiente jerarquía de clases:

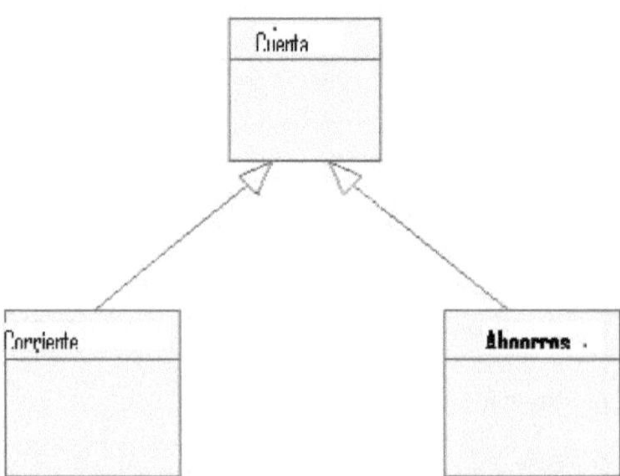

En este gráfico se representa la relación de herencia mediante una flecha.

Cada subclase hereda los atributos de la superclase. Tanto la clase "Cuenta de Ahorros" como "Cuenta Corriente" tendrán los atributos Numero, titular, saldo definidos en la clase Cuenta

Una subclase no esta limitada únicamente a los atributos de su superclase, también puede tener atributos propios, o redefinir algunos definidos anteriormente en la superclase.

No se esta limitado tampoco a un solo nivel de herencia, se pueden tener todos los que se consideren necesarios.

Ejemplo:

Clase Empleado hereda de clase Humano, y esta a su vez hereda de clase Mamífero

Polimorfismo

En Programación Orientados a Objetos (POO) el polimorfismo se refiere a la capacidad para que varias clases derivadas (subclases) de una superclase utilicen un mismo método de forma diferente.

Por ejemplo, podemos crear dos clases distintas: Pez y Ave que heredan de la superclase Animal. La superclase Animal tiene el método mover que se implementa de forma distinta en cada una de las subclases (peces y aves se mueven de forma distinta).

Clases finales

Se puede declarar una clase como final, cuando no se interesa en heredar o crear objetos derivados de dicha clase.

Por ejemplo, la clase Matemáticas tiene variables y métodos para realizar operaciones trigonometriítas, aritméticas.

Las variables pueden ser:

- **E (nepper) = 2.7182818284590452354**
- **PI = 3.14159265358979323846**

Los Métodos puede ser:

- **Valor absoluto**
- **Mínimo y Máximo entre dos números**
- **Raíz Cuadrada**
- **Potencia**
- **Seno, Coseno**
- **Generación de Numero Randomico**

Clases Abstractas

La abstracción es un recurso de la mente (quizás el más característico de nuestra pretendida superioridad respecto del mundo animal).

Por su parte, POO permiten expresar la solución de un problema de forma comprensible simultáneamente en un sistema artificial y el humano.

Constituyen un puente entre la abstracción de la mente y una serie de métodos a programar en un lenguaje de programación orientado a objetos (LPOO). En consecuencia, la capacidad de abstracción es una característica deseable de la POO, pues cuanto mayor sea, mayor será su aproximación al lado humano.

Es decir, con la imagen existente en la mente del diseñador de sistemas.

De hecho, las clases abstractas presentan un nivel de "abstracción" tan elevado que no sirven para instanciar objetos de ellas.

Representan los escalones más elevados de algunas jerarquías de clases y solo sirven para derivar otras clases, en las que se van implementando detalles y concreciones, hasta que finalmente presentan un nivel de definición suficiente que permita instanciar objetos concretos.

Se suelen utilizar en aquellos casos en que se quiere que una serie de clases mantengan una cierta característica o interfaz común. Por esta razón a veces se dice de ellas que son pura interfaz.

Resulta evidente en el ejemplo de la figura que los diversos tipos de motores tienen características diferentes. Realmente tienen poco en común un motor eléctrico de corriente alterna y una turbina de vapor.

Sin embargo, la construcción de una jerarquía en la que todos motores desciendan de un ancestro común, la clase abstracta "Motores", presenta la ventaja de unificar la interfaz.

Aunque evidentemente su definición será tan "abstracta", que no pueda ser utilizada para instanciar directamente ningún tipo de motor.

En POO, las clases abstractas representa la noción de un concepto general de clase del que solo pueden expresar métodos o actividades comunes (métodos abstractos).

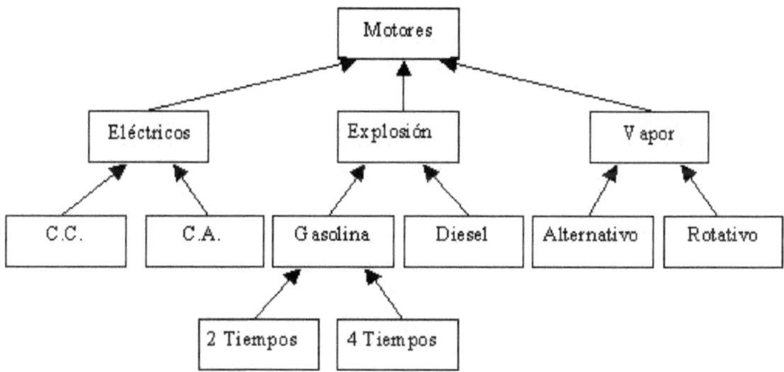

Programación basada en prototipos

La programación basada en prototipos es un estilo de POO en la que las clases no están presentes y la reutilización de comportamiento (conocido como herencia en lenguajes basados en clases) se lleva a cabo a través de un proceso de decoración de objetos existentes que sirven de prototipos o de ejemplos.

Este modelo también se conoce como programación sin clases, orientada a prototipos o basada en ejemplos.

OBJETOS PREDEFINIDOS EN JAVASCRIPT

OBJETO String

El objeto **String** sirve para manejar cadenas de texto. Cada vez que se crea una variable de cadena, en realidad se está creando una variable de tipo **String**. Por lo tanto, no será necesaria su declaración. Se debe tener en cuenta, que el objeto String combine métodos java con métodos orientados texto de html.

MÉTODOS String

anchor(*nombre*). Crea un marcador en el texto.
big (). Muestra la cadena de caracteres con una fuente grande.
blink (). Muestra el texto de modo intermitente.
bold (). Muestra el texto en negrita.
charAt(*n*). Muestra el carácter situado en la posición *n* de la cadena.
fixed (). Muestra la cadena en fuente no proporcional.
fontcolor(*color*). Determina el color del texto.
fontsize(*n*). Muestra el texto en el tamaño *n*, donde *n* es un número del 1 al 7 (los 7 tamaños estándar).
indexOf (*cadenaInterna, inicio*). Devuelve la posición de la cadena interna en el texto, teniendo en cuenta que el primer carácter es el número 0.

El primer parámetro es el texto que se busca; el segundo es opcional e indica desde qué posición del texto comenzamos a buscar. Si no se encuentra la cadena interna, se devuelve el valor –

Ejemplo:

```
var cadena=" Nairo Quintana"
var subcadena=" Quintana" alert (cadena.
indexOf(subcadena))
```

/*El resultado será 6, ya que la primera posición del texto (en este caso la 'N') es la 0.

italics (). Muestra el texto en cursiva.

lastIndexOf (*cadenaInterna, inicio*). Idéntico a **indexOf** sólo que en este caso cuenta la última vez que aparece la cadena (en lugar de la primera vez como hace **indexOf**).

link(*URL*). Crea un hipervínculo en la cadena de texto, el parámetro

URL indica el destino del vínculo.

small (). El texto se muestra con fuente pequeña.

strike (). Subraya el texto.

sub (). El texto va en subíndice.

substring (*x, y*). Muestra el fragmento de texto que va desde la posición **x** a la posición **y**.

Ejemplo:

```
var cadena="Nairo Quintana";
var subcadena="Quintana";
alert (cadena. substring (6,12));
//Sale Quintana
```

sup (). Superíndice.

toLowerCase (). Convierte la cadena a minúsculas.

toUpperCase (). Convierte la cadena a mayúsculas.

PROPIEDADES DE String

length. Almacena el tamaño de la cadena de texto.

OBJETO Math

El objeto **Math** tiene propiedades y métodos que representan valores matemáticos.

MÉTODOS de math

abs(*n*). Calcula el valor absoluto de n.
acos(*n*). Calcula el arco coseno de n.
asin(*n*). Calcula el arco seno de n.
atan(*n*). Calcula el arco tangente de n.
ceil(*n*). Redondea n a su valor superior.
cos(*n*). Calcula el coseno de n.

exp(*n*). Calcula e^n.
floor(*n*). Redondea n a su valor inferior.
log(*n*). Calcula el logaritmo de n.
max (x, y*)*. Devuelve el mayor valor de x o y.
min (x, y*)*. Devuelve el menor valor de x o y.

pow (x, y*)*. Devuelve el x^y.
random (). Genera un número aleatorio entre 0 y 1. Ejemplo:

```
alert(Math.random())
// Podría devolver por ejemplo 0.239230812349
```

round(n*)*. Redondea n al número más próximo.
sin(n*)*. Calcula el seno de n.
sqrt(n*)*. Calcula la raíz cuadrada de n.
trunc(n*)*. Se obtiene la parte del numero.
tan(n*)*. Calcula la tangente de n.

PROPIEDADES DE Math

e. Devuelve la constante de Euler o número e.
In2. Devuelve el logaritmo neperiano de 2.
In10. Devuelve el logaritmo neperiano de 10.

log2e. Logaritmo en base 2 de e.

log10e Logaritmo en base 10 de e.

pi. Devuelve el número PI.

Sqrt1_2. Raíz cuadrada de 0,5.

SQRT2. Raíz cuadrada de 2.

OBJETO Date ()

Este objeto representa fechas y horas. JavaScript no permite trabajar con fechas anteriores a 1970, ya que desde ese momento es cuando comienza a contar las fechas en milisegundos. En los meses, el mes 0 será enero, y el mes 11 es diciembre. Los días de la semana y del mes se cuentan desde el número 1 (jueves = 4).

Para crear una variable de fecha se puede hacer de esta manera:

> **fecha=new Date ();**
> **//crea un nuevo objeto de fecha cuyo valor inicial serán**
> **//la fecha y hora actuales**

Si se desea iniciar una variable de fecha con valores distintos a la fecha actual, se debe:

> **fecha=new Date (año, mes, día, hora, minutos,**
> **segundos");**

Todos los parámetros se pasan en forma de números. También se puede crear un objeto de tipo fecha asignando el número de milisegundos desde 1970.

MÉTODOS DE LOS OBJETOS DATE ()

getDate (). Devuelve el día del mes.
getDay (). Devuelve el día de la semana en forma de número.
getFullYear (). Devuelve el año, pero en forma de 4 números.
getHours (). Devuelve la hora.
getMinutes (). Devuelve los minutos.
getMonth (). Devuelve el mes (con números del 0 al 11).
getSeconds (). Devuelve los segundos.
getTime (). Devuelve el número de milisegundos de la fecha, empezando a contar desde 1970.

getTimezoneOffset (). Devuelve la diferencia en minutos entre la zona horaria actual y la hora solar (GMT).

getYear (). Devuelve el año.

setDate(*valor*). Establece el día del mes.

setFullYear(*valor*). Establece el año (con cuatro cifras).

setHours(*valor*). Establece la hora.

setMinutes(*valor*). Establece los minutos.

setMonth(*valor*). Establece el mes (con un número del 1 al 11).

setSeconds(*valor*). Establece los segundos.

setTime(*valor*). Establece la fecha con el número de milisegundos desde el 1 de enero de 1970.

setYear(*valor*). Establece el año.

toLocaleString (). Devuelve la fecha en formato de texto, según las especificaciones de la zona horaria del computador.

OBJETO array

Los arreglos son declarados en los lenguajes de programación como unidimensionales o vectores y bidimensionales o matrices.

En esta sección, se hablará de vector como un Array, definiendolo como el conjunto de variables o elementos con un mismo nombre, pero accedidas mediante una variable entera denominada índice, el primer elemento tendrá el índice 0. Para definir un vector:

```
nombrearreglo = new Array ()
```

Esto crea un vector de tamaño indeterminado.

Para rellenar los valores del vector:

```
nombrearreglo [0] = valor;
nombrearreglo [1] = valor;
...
nombrearreglo[n] = valor;
```

Tras asignar valores el vector; su dimensión o tamaño cambia. También se puede especificar su dimensión o tamaño al crearlo:

```
nombrearreglo= new Array(tamaño)
```

O incluso asignar valores en la propia creación del vector. Ejemplo:

```
equipos= new Array ("Real Madrid", "Juventus");
```

Además, un vector puede tener distintos tipos de datos:

```
miComputador = new Array ("HP", "Doble Nucleo", 64);
```

Y cada elemento de un arreglo puede ser otro arreglo:

```
elemento = new Array (8);
elemento [3] = new Array (5);
```

MÉTODOS DEL OBJETO Array

concat(*array*). Agrupa dos arrays. Ejemplo:

```
a = new Array (12, 3, 5);
b = new Array ("Hola", "Adios");
c = a. concat(b);
//c es el array (12, 3, 5, "Hola", "Adios")
```

join (). Genera una cadena de texto que contiene todos los elementos del array:

```
a = new Array ("Rojo", "Azul", "Verde");
b = a. join ();
//b contiene "Rojo, Azul, Verde"
```

reverse (). Invierte el orden de los elementos de un array. El primero pasa a ser el último y viceversa.

Sort (). Obtiene el arreglo de manera ordenada.

Propiedades del objeto Array

length. Cuenta el número de elementos del arreglo.

OBJETO Number

El objeto predefinido denominado Number permite trabajar con números. Este objeto predefinido tiene los siguientes métodos.

Método	Que realiza	Ejemplos

toFixed(n)	Devuelve un String con el número o variable sobre el que se invoca el método con tantos decimales como indique el parámetro n. Si n es cero o vacío, redondea al entero más próximo. Si es x.50 devuelve el entero inmediato superior si x es positivo o inferior si x es negativo. No genera notación exponencial.	var num = 3.1416;
		alert ('num vale ' +
		num. toFixed (2));
		// num vale "3.14 "

isNaN(x)	Evalúa a true si x es un valor NaN o a false en caso contrario.	alert ('¿0/0 vale NaN?: ' + isNaN (0/0)); // true
toPrecision(n)	Devuelve un String con el número o variable sobre el que se invoca el método con un número de dígitos significativos especificado por el número de decimales n. Si n es vacío devuelve el número sin modificar. No admite n cero. Si el	var num = (3.1416).toPrecision(2) ; // num vale 3.1, hay dos dígitos significativos.

Método	Que realiza	Ejemplos
	número es demasiado grande para representar su parte entera, genera notación exponencial.	
valueOf(x)	Este método devuelve la representación como tipo primitivo de un objeto. En el caso de un Number, hace lo mismo que el método toString().	alert (A1. valueOf ()); //Mismo resultado que alert(A1);
toString()	Devuelve la representación como String de un objeto Number.	alert (A1. toString ()); //Mismo resultado que alert(A1);

Objeto Number como función para convertir otros tipos de datos

Dado una variable de otro tipo a la que denominaremos una VarOtroTipo, podemos usar Number como función para realizar la conversión de dicha variable a un valor numérico usando esta sintaxis:

```
var valorNumerico = Number(unaVarOtroTipo);
```

Donde unaVarOtroTipo puede ser un String, un objeto Date, o cualquier otro objeto del que se pueda realizar una representación numérica.

OBJETO Boolean

El objeto Boolean se utiliza para convertir datos no booleanos en booleanos.

A continuación, se muestra un ejemplo.

```html
<html>
<head>
<title>Ejemplo de objetos booleanos</title>
</head>
<body >
<script>
var objeto1, objeto2, objeto3, objeto4;
objeto1 = new Boolean ();
objeto2 = new Boolean(false);
objeto3 = new Boolean(true);
objeto4 = new Boolean("cadena");
document. write ("El valor boolean del objeto1 es " + objeto1 +
"<BR>");
document. write ("El valor boolean del objeto2 es " + objeto2 +
"<BR>");
document. write ("El valor boolean del objeto3 es " + objeto3 +
"<BR>");
document. write ("El valor boolean del objeto4 es " + objeto4 +
"<BR>");
</script>
</body>
</html>
```

OBJETOS DEL NAVEGADOR DE JAVASCRIPT

Cuando se carga una página en un navegador se crean un número de objetos característicos del navegador según el contenido de la página.

La siguiente figura muestra la jerarquía de clases del Modelo de Objetos del Documento (*Document Object Model*).

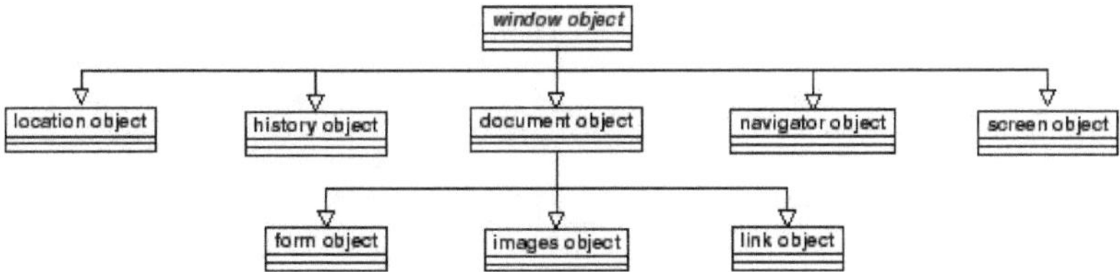

El objeto *window* es el de más alto nivel, contiene las propiedades de la ventana y en el supuesto de trabajar con marcos (*frames*), se genera un objeto *window* para cada uno.

El objeto *document* contiene todas las propiedades del documento actual, como son: su color de fondo, enlaces, imágenes como se puede apreciar en la siguiente figura:

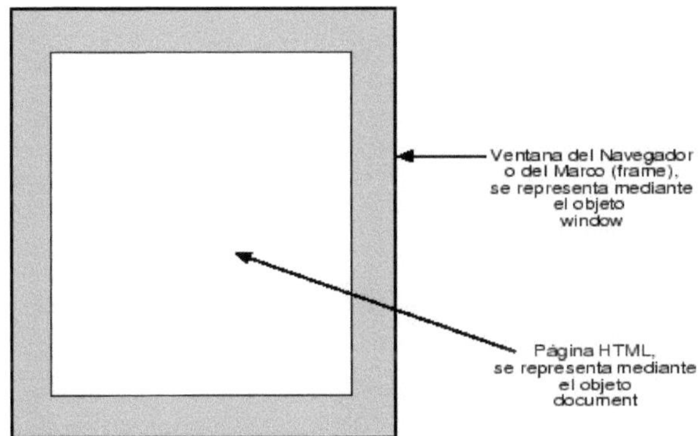

El objeto *"navigator"* contiene las propiedades del navegador.

El objeto *"location"* contiene las propiedades de la URL activa.

El objeto *"history"* contiene las propiedades que representan a las URL que el usuario ha visitado anteriormente. Es como una caché.

El objeto *screen* contiene información referente a la resolución de la pantalla que muestra la URL.

OBJETO window

Este objeto, representa a la ventana en la cual se ve la página web. En el caso de que la página tenga marcos, se generan tantos objetos window como marcos haya.

PROPIEDADES

closed. Valor booleano que indica si una ventana ha sido cerrada.
defaultStatus. Texto que la barra de estado mostrará cuando se cargue la página web (texto por defecto de la barra de estado).
frames. Array que representa a todos los marcos de la ventana.
history. Es un objeto (se verá más adelante) que representa las enlaces a las páginas a las que el visitante había accedido antes de llegar a la ventana actual.
location. Objeto que almacena información sobre el URL de la página actual.
name. El nombre de la ventana.
parent. Ventana "padre" de la actual. Si la actual es un marco, parent será la página con etiqueta <FRAMESET>.
self. Se refiere a la propia ventana activa.
top. Ventana superior del navegador.
status. Mensaje de la barra de estado.
window. Igual que **self**.

MÉTODOS

open(*URL,nombreVentana,opcionesVentana*). Abre una nueva ventana cuyo contenido se especifica por la URL a una página (este parámetro puede quedar vacío ""), se indica un nombre y, opcionalmente, una serie de opciones entre comillas y separadas por comas.

Estas opciones son (Netscape tiene algunas opciones más que aquí no hemos listado):

- **toolbar.** Indica con **yes** o **no** si se muestra la barra de herramientas.
- **location.** Muestra o no la barra de dirección.
- **directories.** Muestra o no los botones de directorio.
- **status.** Permite mostrar u ocultar la barra de estado.
- **menubar**. Mostrar o no la barra de menús.
- **scrollbars.** Indica si se muestran las barras de desplazamiento.
- **resizable.** Permite ajustar el tamaño de la ventana.
- **width.** Ancho de la ventana en píxeles.
- **height.** Altura de la ventana en píxeles.
- **copyHistory**. Permite copiar el historial de páginas recorridas a la nueva ventana.

Ejemplo:

Se crea una función que recoge los parámetros y se envían a una pagina html destino

```
function disparaparametro(destino,par)
{
var
parametro=destino+"?"+document.getElementById("cedula").value
parametro=parametro+"&"+document.getElementById("nombre").value
parametro=parametro+"&"+par
parametro=parametro+"&"+document.getElementById("sueldo").value
parametro=parametro+"&"+document.getElementById("telefono").value
parametro=parametro+"&"+document.getElementById("fecha").value
open(parametro,"PARAMETRO")
}
```

close(). Cierra la ventana.

blur(). Hace la ventana deje de estar activa (a esta acción se la llama perder el foco

focus(). Hace que la ventana sea la ventana activa (la que tiene el "foco").

setInterval(*expresiónJavaScript,milisegundos*).. Crea un temporizador.

El temporizador es un reloj que cada cierto milisegundo (los que se indiquen como segundo parámetro, realiza la tarea indicada en el argumento expresión.

La expresión es código JavaScript el cual se coloca entre comillas, normalmente este código es simplemente la invocación a una función. esta función devuelve un número de temporizador (ya que se pueden crear varios) el cual deberá almacenarse en una variable para posteriores manipulaciones. Ejemplo:

```
var tempID;
tempID=setInterval("dibujaCirculo();",1000ms);
//Hace que cada segunda llame a la función dibujaCirculo().
```

clearInterval(*idTemporizador*). Cancela el tiempo de espera establecido mediante *setInterval*. Al llamar a este método hay que indicar como parámetro el número de temporizador que se desea detener.

setTimeout(*expresiónJavaScript, milisegundos*). Muy similar a *setInterval*. Cuando pasan los milisegundos invocados, se ejecuta el código del parámetro ***expresiónJavaScript*** (el cual va entre comillas). La diferencia con *setInterval* es que en este caso sólo se usa el código una vez, no continuamente como ocurre con *setInterval*. El método devuelve un número que debe almacenarse en una variable.

clearTimeout(*idTimeOut*). Anula el temporizador establecido anteriormente con *setTimeOut.*

El siguiente ejemplo muestra cómo modificar el mensaje que aparece en la barra de estado del navegador.

```
<html>
<head><title> Ejemplo del Objeto window</title> </head>
<body>
<script>
window.defaultStatus = "Hola ;-), este mensaje aparece en la
barra de estado";
</script>
</body>
</html>
```

El objeto window posee una serie de métodos que permiten ejecutar funciones específicas con las ventanas, como, por ejemplo, crear ventanas y cuadros de diálogo.

También es posible determinar el aspecto que tendrá la nueva ventana del navegador mediante los campos de datos que permiten configurar el menú, la barra de herramientas, la barra de estado, etc.

El siguiente ejemplo muestra cómo abrir una nueva ventana desde la ventana actual.

```
<html>
<head>
<title>Ejemplo de creación de ventana</title>
<script >
function AbrirVentana() {
ventana=open("","nueva","toolbar=no,directories=no,menubar
=no,width=180,height=180");
 ventana.document.write("<HEAD><TITLE>Nueva      Ventana
</TITLE></HEAD><BODY>");
```

```html
 ventana.document.write("<FONT    SIZE=4    COLOR=red>Nueva
Ventana</FONT><BR><BR<BR>>");
 ventana.document.write("<FORM><INPUT         TYPE='button'
VALUE='Cerrar' onClick='self.close()'></FORM>");
}
</script>
</head>
<body>
 <form>
 <input      type="button"     value="Abrir     una      ventana"
onClick="AbrirVentana();">
 <br>
 </form>
</body>
</html>
```

OBJETO location

Objeto incluido dentro del objeto window. Almacena información sobre la localización de la página de la ventana y por tanto permite cambiar dinámicamente la página web que se está mostrando.

PROPIEDADES

href. Especifica la dirección URL de la ventana (por ejemplo: *http://www.Tech-Educa.com*)

hostname. Especifica la parte del URL en la que va el nombre del host: (por ejemplo: *http://www.Tech-Educa.com*)

host. Idéntico al anterior, sólo que al final se indica el número de puerto utilizado (por ejemplo: *http://www.Tech-Educa.com:80*)

pathname. Especifica la parte del URL en la que va la ruta al recurso (en el ejemplo: */problemas/ex1,htm"*)

port. Puerto utilizado para mostrar la página (generalmente el 80).

hash. Indica qué marcador de la página se utilizó al abrir la misma, si no se usó ninguno aparece vacío (en el ejemplo sería *marca1*).

protocol. Parte referida al protocolo de la URL (en el ejemplo *http*).

search. La parte de una URL que va detrás del signo **?**. Sólo ciertas páginas llevan este signo (en concreto las páginas que llaman a CGIs).

MÉTODOS

replace(*URL*). Carga una nueva página en la ventana actual indicando su URL entre comillas y además también reemplaza a la página anterior en la lista del historial. Esto último es la única diferencia entre usar este método y cambiar la dirección directamente en la propiedad **href** del objeto **location.**

reload(). Hace que se vuelva a recargar la página.

El siguiente ejemplo se obtiene los parametros enviados a la página html haciendo uso del objeto location:

```
function abc()
{
var url = window.location.href
var total=url.length
var k= url.indexOf("?")
var pagina=url.substring(0,k)
url=url.substring(k+1,total)
var token=url.split("&")
return token;
}
```

OBJETO document

Este objeto representa al contenido de una página web. Está incluido dentro del objeto **window**.

PROPIEDADES

bgColor. Color del fondo
fgColor. Color del texto.
linkColor. Color de los enlaces normales.
vlinkColor. Color de los enlaces visitados
alinkColor. Color de los enlaces activos.
images. Array que contiene todas las imágenes del documento.

El índice del array empieza por 0, la imagen **document.images[0]** será la primera que se utilizó en el código. Ejemplo:

```
document.images[0].src ="grafico2.gif"
//Hace que la primera imagen muestre el gráfico
//"grafico2.gif"
```

También se puede usar cada imagen en lugar de por el número, por el nombre

(atributo NAME de la etiqueta IMG).

Ejemplo:

```
document.images["imagen1"}.src="grafico2.gif"
//imagen1 debe ser el nombre exacto de la imagen a
//cambiar.
```

links. Array que contiene todos los enlaces que usan el atributo HREF. El orden de los enlaces en la matriz es el orden de uso en el código (el primer enlace en el código será **document.links[0].**)

Ejemplo:

```
document.links[0].href ="http://www.hola.com"
//hace que el primer enlace del documento apunte
a la dirección www.hola.com
```

lastModified. Fecha de última actualización del documento en forma de cadena de texto. Algunos servidores no proporcionan este dato.

URL. URL del documento.

cookie. Escribe o lee el archivo de cookies de la página web. Un archivo de cookies sirve para guardar información sobre el usuario en su propia máquina, con esta propiedad se permite hacerlo

MÉTODOS

clear(). Borra el documento.
write(*textoHTML*). Escribe el texto indicado en el documento. Ese texto puede contener si se desea etiquetas HTML
writeln(*textoHTML*). Lo mismo que la anterior, sólo que esta añade un salto de línez tras escribir el texto.
close(). Cierra el documento.

El código que se muestra a continuación carga una imagen dependiendo de la elección que haga el usuario.

```
<html>
<head><title> Ejemplo del Objeto document</title>
<!-- Se muestra un número diferente de imágenes
dependiendo
 -- del valor que introduzca el usuario
 -- dato: src
```

```html
 -->
</head>
<body>

<IMG NAME=img1 SRC="" BORDER=0 WIDTH=200
HEIGHT=150>

<script>
 var myImages = new
Array("usa.gif","canada.gif","jamaica.gif","mexico.gif");
 var imgIndex = prompt("Enter a number from 0 to 3","");
 document.images["img1"].src = myImages[imgIndex];
</script>
</body>
</html>
```

A continuación, un ejemplo que permite conectar código a los eventos de la página web. El primero de ellos simplemente muestra una ventana de alerta

```html
<html>
<head><title> Ejemplo de Eventos</title>
</head>
<body>
<script>
function linkSomePage_onclick() {
 alert('Este enlace no lleva a ninguna parte');
 return false;
}
</script>

<A HREF="somepage.htm" NAME="linkSomePage">
 Pulsa Click Aqui
</A>

<script>
```

```
 window.document.links[0].onclick                              =
linkSomePage_onclick;
</script>
</body>
</html>
```

El segundo ejemplo se va modificando de forma aleatoria la imagen
que se carga.

```html
<html>
<head><title> Ejemplo del Objeto document</title>
<!-- Se carga una imagen aleatoria
 -->
<script>
var myImages = new
Array("usa.gif","canada.gif","jamaica.gif","mexico.gif");
function changeImg(imgNumber) {
 var imgClicked = document.images[imgNumber];
 var newImgNumber = Math.round(Math.random() * 3);

 while
(imgClicked.src.indexOf(myImages[newImgNumber]) != -
1) {
 newImgNumber = Math.round(Math.random() * 3);
 }
 imgClicked.src = myImages[newImgNumber];
 return false;
}
</script>
</head>
<body>

<A HREF="" NAME="linkImg1" onclick="return
changeImg(0)">
 <IMG NAME=img1 SRC="usa.gif" BORDER=0 >
```

```html
</A>

<A HREF="" NAME="linkImg2" onclick="return
changeImg(1)">
 <IMG NAME=img1 SRC="mexico.gif" BORDER=0 >
</A>


</body>
</html>
```

OBJECT history

Objeto que representa a las direcciones de las páginas que se almacenan en el historial del navegador. Este objeto está dentro del objeto **window.**

PROPIEDADES

length. Número de páginas almacenadas actualmente en el historial.

MÉTODOS

back(). Hace que la ventana muestre la página visitada anteriormente.
forward(). Hace que la ventana muestre la página siguiente.
go(n^o). Hace que se muestre la página del historial indicada con un número. De modo que **history.go(-1)** muestra la página anterior y **history.go(-3)** hace que se muestre la página antepenúltima.

OBJECT image

Objeto que representa una imagen en el documento definida con la etiqueta HTML

<IMG> o con el código JavaScript **new Image**. Todas las imágenes del documento están contenidas en la matriz de imágenes **document.images** (ver anteriormente).

PROPIEDADES

Son las mismas que los atributos de la etiqueta IMG del HTML, por eso sólo se comentan:

- **border**

- height
- hspace
- lowsrc
- name
- src
- vspace
- width

Ejemplo:

```
var imagenAtras = new image(120,87);
//nueva imagen con ancho=120 y altura=87
imagenAtras.src="dibujogris.gif";
//la imagen muestra el archivo dibujogris.gif
```

LAS CLASES EN JAVASCRIPT

ECMA (European Computer Manufacturers) es una organización internacional basada en membresías de estándares para la comunicación y la información ha elaborado una sintaxis alternativa en su definición que se limitaa a proveer de definiciones más claras y simples para la creación y el trabajo con objetos.

```
1   <html>
2   <head>
3     <title>Declaración de Clase</title>
4   <script>
5   class Alumno {
6     constructor (codigo, nombre, grado) {
7     this.codigo=codigo
8     this.nombre=nombre
9     this.grado=grado
10    }
```

```
40  class Alumno{};
41  var A=new Alumno(1234,'Jose Carmen',10);
42  alert(A.toString());
```

En la imagen anterior, se puede observar a simple vista:

- Se hace uso de la palabra reservada class (documentación aquí) para declarar nuestra clase.
- Una clase no precisa de argumentos (parámetros) en su definición. Por lo tanto, no la acompañan los paréntesis habituales.
- No es necesario el punto y coma ';' (semicolon) final.
- Opcional, pero como práctica habitual en la POO, el nombre de la clase comienza con una letra mayúscula.

Además, otros detalles que no se ven, pero que se producen:

- Al tratarse de una clase, el sistema no permite su uso como una función, sino que se reserva un constructor.

- El contenido de una clase se ejecuta en modo estricto de forma automática.
- Las declaraciones de clases solo existen tras ser declaradas.
- De forma implícita una clase se comporta como una constante, no siendo posible redeclararla más adelante en un mismo ámbito o scope.

Anatomía de una clase

Una clase se compone de diversos métodos internos que permiten desde asignar valores iniciales hasta estructurar su contenido creando relaciones de dependencias.

En su implementación bajo JavaScript, encontraremos un constructor (extensible con un super constructor), getters, setters y métodos para el desarrollo de su lógica de negocio (ya sean estáticos o públicos).

Un ejemplo más completo de clase, aunando todo lo comentado anteriormente, quedaría como sigue:

```
class Alumno {
 constructor (codigo, nombre, grado) {
 this.codigo=codigo
 this.nombre=nombre
 this.grado=grado
 }
}
```

Se debe tener algunas consideraciones como:

- Los métodos no se declaran de forma explícita con var, let o const.
- Al tratarse de un constructor y no una función, no hay una salida de datos explícita con return.

- Encontramos nuevas palabras reservadas: constructor, super, get, set y static.

Instanciar una clase

Una vez definida una clase, para instanciarla se hace uso del operador new

```
class Alumno{};
var A=new Alumno(1234,'Jose Carmen',10);
alert(A.toString());
```

El constructor

El constructor es llamado en el momento de la creación de la instancia (el momento en que se crea la instancia del objeto). El constructor es un método de la clase.

En JavaScript, la función sirve como el constructor del objeto, por lo tanto, no hay necesidad de definir explícitamente un método constructor. Cada acción declarada en el constructor de la clase es ejecutada en el momento de la creación de la instancia.

El constructor se usa para establecer las propiedades del objeto (propiedades = variables+valor) o para llamar a los métodos para preparar el objeto para su uso.

En el siguiente ejemplo, el constructor de la clase Alumno se establece las propiedades del objeto, como también, muestra una alerta que dice (**Una instancia de Alumno)** cuando se crea la instancia de la clase Alumno.

```
 5  class Alumno {
 6     constructor (codigo, nombre, grado) {
 7     this.codigo=codigo
 8     this.nombre=nombre
 9     this.grado=grado
10     alert('Una instancia de Alumno');
11     }
```

Métodos estáticos

Un método estático es aquel que se puede invocar sin tener que crear una instancia de una clase. Se crean anteponiendo la palabra static a la definición del método. Usualmente se ocupan para realizar rutinas de ayuda en la clase.

Ejemplo:

```
<html>
<head>
 <title>Uso de static</title>
<script>
class Areas {
constructor(r) {
 this.r = r;
 }
 static areaCirculo(C) {
 const ac = Math.PI*C.r*C.r;
 return ac;
 }
}
</script>
</head>
<body>
<script>
const A=new Areas(10);
const B=new Areas(8);
areac1=Areas.areaCirculo(A);
```

```
areac2=Areas.areaCirculo(B);
suma=areac1+areac2;
alert('Area Circulo A:'+areac1+'+Area Circulo
B:'+areac2+'='+suma);
</script>
</body>
</html>
```

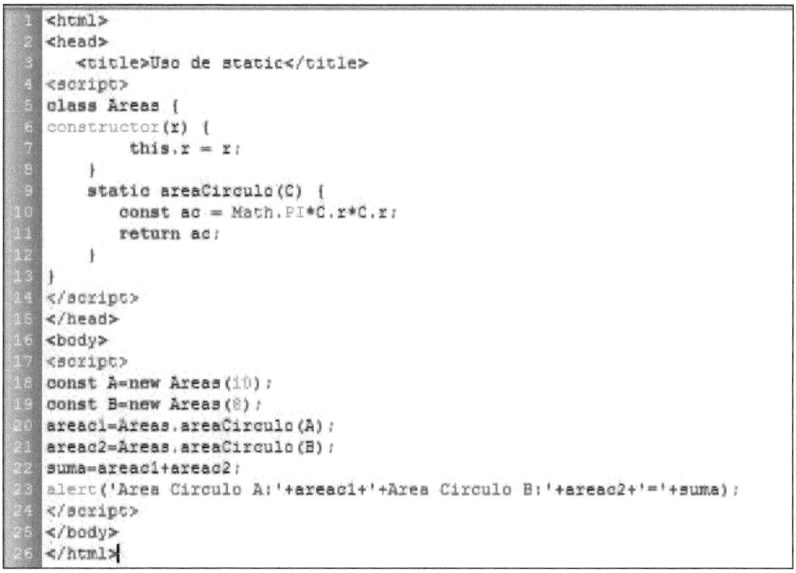

```
1  <html>
2  <head>
3      <title>Uso de static</title>
4  <script>
5  class Areas {
6  constructor(r) {
7          this.r = r;
8      }
9      static areaCirculo(C) {
10         const ac = Math.PI*C.r*C.r;
11         return ac;
12     }
13 }
14 </script>
15 </head>
16 <body>
17 <script>
18 const A=new Areas(10);
19 const B=new Areas(8);
20 areac1=Areas.areaCirculo(A);
21 areac2=Areas.areaCirculo(B);
22 suma=areac1+areac2;
23 alert('Area Circulo A:'+areac1+'+Area Circulo B:'+areac2+'='+suma);
24 </script>
25 </body>
26 </html>
```

Construcciones getter /setter

Los getters y los setters son construcciones habituales de los objetos que permiten acceder a valores o propiedades, sin revelar la forma de implementación de las clases. En pocas palabras, permiten encapsular los objetos y evitar mantenimiento de las aplicaciones cuando la forma de implementar esos objetos cambia.

Utilidad aparte, en la práctica son simplemente métodos que te permite acceder a datos de los objetos, para leerlos (getter) o asignar nuevos valores (setter). El setter lo que hace es asignar un valor y el getter se encarga de recibir un valor.

En JavaScript, ambos métodos se corresponden con atajos sintácticos (funciones finalmente) que no añaden funcionalidad adicional alguna. Ahora bien, mediante la palabra reservada "get" se puede definir una función getter y con la palabra "set" se puede definir una función setter.

Un ejemplo es el siguiente:

```
class Alumno {
 constructor (codigo, nombre, grado) {
 this.codigo=codigo
 this.nombre=nombre
 this.grado=grado
 }
 get codigo () {
 return this.codigo;
 }
 set codigo ( codigo ) {
 this.foo = codigo;
 }
 get nombre () {
 return this.nombre;
 }
```

```
set nombre ( nombre ) {
this.nombre = nombre;
}
get grado () {
return this.grado;
}
set grado ( grado ) {
this.grado = grado;
}
};
```

```
<html>
<head>
<title>Getter/Setter</title>
<script type="text/javascript">
class Alumno {
  constructor (codigo, nombre, grado) {
    this.codigo=codigo
    this.nombre=nombre
    this.grado=grado
  }
    get codigo () {
        return this.codigo;
    }
    set codigo ( codigo ) {
        this.foo = codigo;
    }
    get nombre () {
        return this.nombre;
    }
    set nombre ( nombre ) {
        this.nombre = nombre;
    }
    get grado () {
        return this.grado;
    }
    set grado ( grado ) {
        this.grado = grado;
    }
};
</script>
</head>
<body>
<script type="text/javascript">
var A=new Alumno(1234,'Pedro Perez',10);
</script>
</body>
</html>
```

Pero, para hacerlo funcional se requiere de:

```
<html>
<head>
<title>Getter/Setter</title>
<script type="text/JavaScript ">
class Alumno {
 constructor (codigo, nombre, grado) {
```

```javascript
this.codigo=codigo
this.nombre=nombre
this.grado=grado
}
getcodigo () {
return this.codigo;
}
setcodigo ( codigo ) {
this.foo = codigo;
}
getnombre () {
return this.nombre;
}
setnombre ( nombre ) {
this.nombre = nombre;
}
getgrado () {
return this.grado;
}
setgrado ( grado ) {
this.grado = grado;
}
};
</script>
</head>
<body>
<script type="text/JavaScript ">
var A=new Alumno(1234,'Pedro Perez',10);
var cadena="Codigo: "+A.getcodigo()+" Nombre:
"+A.getnombre()+" Grado: "+A.getgrado();
alert(cadena);
</script>
</body>
</html>
```

```html
<!doctype html>
<html>
<head>
<title>Getter/Setter</title>
<script type="text/javascript">
class Alumno {
  constructor (codigo, nombre, grado) {
  this.codigo=codigo
  this.nombre=nombre
  this.grado=grado
  }
    getcodigo () {
        return this.codigo;
    }
    setcodigo ( codigo ) {
        this.foo = codigo;
    }
    getnombre () {
        return this.nombre;
    }
    setnombre ( nombre ) {
        this.nombre = nombre;
    }
    getgrado () {
        return this.grado;
    }
    setgrado ( grado ) {
        this.grado = grado;
    }
 };
</script>
</head>
<body>
<script type="text/javascript">
var A=new Alumno(1234,'Pedro Perez',10);
var cadena="Codigo: "+A.getcodigo()+" Nombre: "+A.getnombre()+"  Grado: "+A.getgrado();
alert(cadena);
</script>
</body>
</html>
```

Al ejecutar entonces:

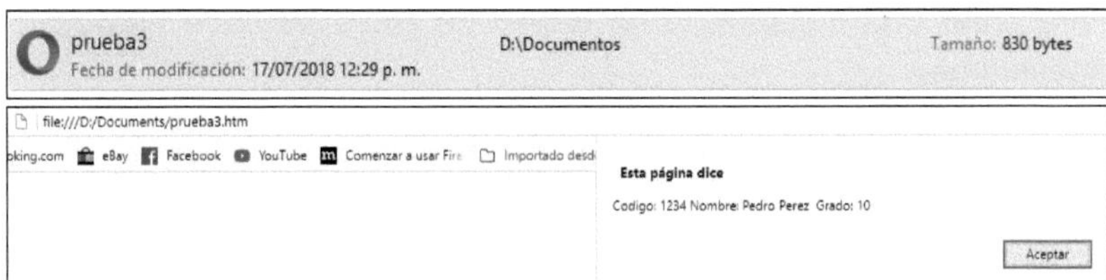

PROGRAMACIÓN BASADA EN PROTOTIPOS

La programación basada en prototipos es un estilo de programación orientada a objetos en la que las clases no están presentes y la reutilización de comportamiento (conocido como herencia en lenguajes basados en clases) se lleva a cabo a través de un proceso de decoración de objetos existentes que sirven de prototipos. Este modelo también se conoce como programación sin clases, orientada a prototipos o basada en ejemplos.

JavaScript es un lenguaje basado en prototipos. Esto es a veces confuso para los programadores acostumbrados a los lenguajes con una declaración de clase. Para ello, JavaScript utiliza funciones como clases. Definir una clase es tan fácil como definir una función. En el ejemplo siguiente se define una nueva clase llamada **Alumno**.

```
function Alumno() { }
```

El objeto (instancia o un objeto de clase)

Para crear una instancia o un objeto de clase se hace uso de la clausula **new**.

```
var nombreobjeto=new Clase();
```

En el siguiente ejemplo se define una clase llamada Alumno y creamos dos instancias o objetos (alumno1 y alumno2).

```
function Alumno() {
}
var alumno1 = new Alumno();
var alumno2 = new Alumno();

function Alumno() {
```

```
 alert('Una instancia de Alumno');
}

var Alumno1 = new Alumno();
var Alumno2 = new Alumno();
```

Usando la cláusula this para las referencias a objetos

JavaScript tiene una palabra clave especial o clausula **this** para referirse al objeto actual. Con this puede referirse a una propiedad (atributo) o un método.

```
this.propiedad=valor;
this.metodo=function
```

La propiedad (atributo de clase)

Las propiedades son variables contenidas en la clase, cada instancia del objeto tiene dichas propiedades. Las propiedades deben establecerse a la propiedad prototipo de la clase (función), para que la herencia funcione correctamente.

Para trabajar con propiedades dentro de la clase se utiliza la palabra reservada **this**, que se refiere al objeto actual. El acceso (lectura o escritura) a una propiedad desde fuera de la clase se hace con la sintaxis: **NombreDeLaInstancia.Propiedad**.

Es la misma sintaxis utilizada por C++, Java y algunos lenguajes más. (Desde dentro de la clase la sintaxis es **this.Propiedad** que se utiliza para obtener o establecer el valor de la propiedad).

En el siguiente ejemplo se define la propiedad **primerNombre** de la clase Alumno y la definimos en la creación o instancia del objeto.

```javascript
function Alumno(primerNombre) {
 this.primerNombre = primerNombre;
 alert('Una instancia de Alumno');
}
var Alumno1 = new Alumno("Alicia");
var Alumno2 = new Alumno("Sebastian");

// Muestra el primer nombre de Alumno1
alert ('Alumno1 es ' + Alumno1.primerNombre); // muestra
"Alumno1 es Alicia"
alert ('Alumno2 es ' + Alumno2.primerNombre); // muestra
"Alumno2 es Sebastian"
```

Se puede agregar una propiedad a una clase previamente definida mediante el uso de la propiedad prototype. Esto define una propiedad que es compartida por todos los objetos de la clase, en lugar de por una sola instancia. El código siguiente agrega una propiedad observaciones a todos los objetos del tipo de Alumno, y luego se asigna un valor al objeto Alumno1:

```javascript
Alumno.prototype.observaciones = null;
Alumno1.observaciones = "Plan Nuevo";
```

LOS MÉTODOS

Los métodos siguen la misma lógica que las propiedades, la diferencia es que son funciones y se definen como funciones haciendo uso propiedad **prototype** de la siguiente manera:

```javascript
Clase.prototype.nombredelmetodo                              =
function(arguementos) {

};
```

Llamar a un método es similar a acceder a una propiedad, pero se agrega () al final del nombre del método, posiblemente con argumentos:

Objeto.nombremetodo(argumentos);

Se debe tener en cuenta la siguiente tabla para la declaración, implementación de una clase, como también, la instancia o creación de un objeto dentro de una pagina HTML.

CON UN MAIN	POO JAVASCRIPT
	<html>
	<head>
	<script>
Variables Globales	var variableglobal=…..
Clase1(<lista de parametros>	function nombreclase()
CuerpoClase	{
<propiedades>	<propiedades>
<constructor>	function nombremetodo ()
Metodo()	{
CuerpoMetodo	var variable local=….
<sentencias>	<sentencias>
FinCuerpoMetodo	}
FinCuerpoClase	}
	</script>
	</head>
Módulo main()	<body>
Cuerpo	<script>
<variables locales>	
<sentencias>	<variables locales>
<creación objeto>	<sentencias>
<llamado metodoobjeto>	var objeto = new Clase();
	objeto.nombremetodo();
FinCuerpo	</script>
	</body>
	</html>

En el siguiente ejemplo se define y utiliza el método promedio para la clase Alumno mediante la cláusula prototype:

```javascript
function Alumno(codigo, nombre, grado) {
 this.codigo=codigo
 this.nombre=nombre
 this.grado=grado
 this.mostrarAlumnos=function mostrarAlumnos() {
 var resultado = "Codigo: " + codigo + " Nombre:" +
nombre
 resultado=resultado +" Grado:" + grado
 resultado=resultado+ " Promedio: "+this.promedio()
 alert(resultado);
 }
}
Alumno.prototype.promedio = function()
 {
 var i,suma=0;
 for(i=0;i<4;i++)
 {
 suma=suma+Math.trunc(Math.random()*10)+1;
 }
 suma=Math.trunc(suma/4);
 return suma;
 }
```

El código para instanciar o crear un objeto de la clase Alumno:

```javascript
var cod=Math.trunc(Math.random()*100000)+1;
var Alumno1=new Alumno(cod,"James Serna",9);
Alumno1.mostrarAlumnos();
```

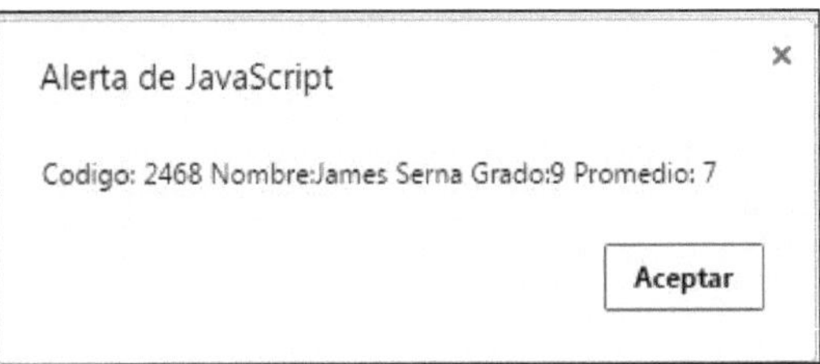

También, se puede incluir el método promedio en el constructor como sigue:

```
function Alumno(codigo, nombre, grado) {
this.codigo=codigo
this.nombre=nombre
this.grado=grado
function promedio()
{
var i,suma=0;
for(i=0;i<4;i++)
suma=suma+Math.trunc(Math.random()*10)+1;
suma=Math.trunc(suma/4);
return suma;
};
this.mostrarAlumnos=function mostrarAlumnos() {
var resultado = "Codigo: " + codigo + " Nombre:" + nombre
resultado=resultado +" Grado:" + grado + " Promedio: "+promedio()
alert(resultado);
}
}
```

El código para instanciar o crear un objeto de la clase Alumno:

```
var cod=Math.trunc(Math.random()*100000)+1;
var Alumno1=new Alumno(cod,"James Serna",9);
Alumno1.mostrarAlumnos();
```

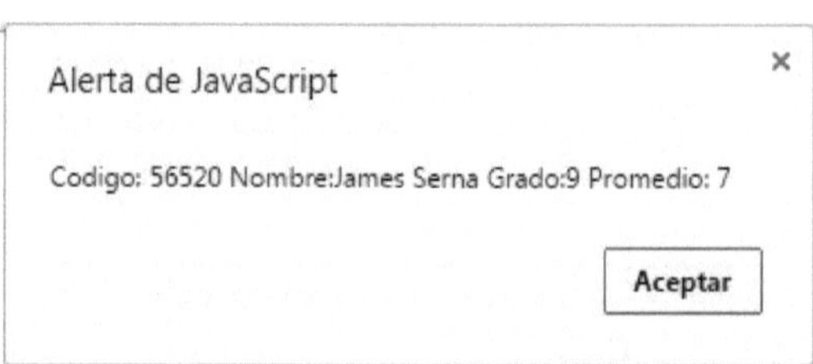

OBJETOS CREADOS POR EL USUARIO DE JAVASCRIPT

Los objectos en JavaScript, al igual que en muchos otros lenguajes de programación, pueden ser comparados con objetos de la vida real. El concepto de Objetos en JavaScript se puede entender como en la vida real, objetos tangibles.

En JavaScript, un objeto es una estructura que posee propiedades y tipos. Al comparar con un estudiante, por ejemplo. Un estudiante es un objeto, con propiedades. Un estudiante tiene un código, nombre, grado, domicilio. De la misma manera, los objetos de JavaScript pueden tener propiedades, que definen sus características.

Objetos y propiedades

Un objeto de JavaScript tiene propiedades asociadas. Una propiedad de un objeto puede ser explicada como una variable que se adjunta al objeto. Las propiedades de un objeto son básicamente lo mismo que las variables comunes de JavaScript, excepto por el nexo con el objeto. Las propiedades de un objeto definen las características de un objeto. Se puede acceder a las propiedades de un objeto con el signo de puntuación punto (.) como sigue:

nombreObjeto.nombrePropiedad

Como todas las variables de JavaScript, tanto el nombre del objeto (que puede ser una variable normal) y el nombre de propiedad son sensible a mayúsculas y minúsculas. Puedes definir propiedades asignándoles un valor. Por ejemplo, Se crea el objeto **Alumno** mediante la sentencia **new Object()** y darle propiedades denominadas **codigo**, **nombre**, **grado y fecha** así:

```html
<html>
<head><title> Ejemplo del Objeto Alumno</title> </head>
<body>
<script>
var Alumno = new Object();
Alumno.codigo = "123456";
Alumno.nombre = "James Rodriguez";
Alumno.grado = 11;
Alumno.fecha=new Date();
alert(Alumno.nombre);
alert(Alumno.fecha);
</script>
</body>
</html>
```

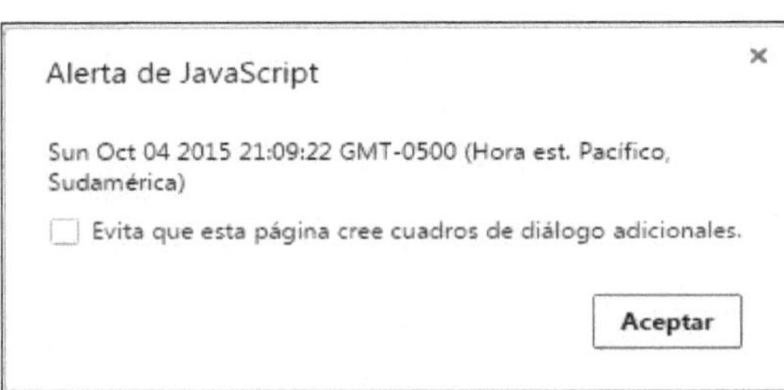

En JavaScript también se puede acceder o establecer propiedades de objetos mediante la notación de corchetes [ ]. Los objetos son llamados a veces *arreglos asociativos*, ya que cada propiedad está asociada con un valor de cadena que puede ser utilizada para acceder a ella.

Así, por ejemplo, se puede acceder a las propiedades del objeto **Alumno** de la siguiente manera:

```html
<html>
<head><title> Ejemplo del Objeto Alumno</title> </head>
<body>
<script>
var Alumno = new Object();
Alumno["nombre"] = "James Rodriguez";
Alumno["grado"] = 11;
Alumno["fecha"] = new Date();
alert(Alumno.nombre);
alert(Alumno.fecha);
</script>
</body>
</html>
```

También se puede acceder a las propiedades mediante el uso de un valor de cadena que se almacena en una variable:

```javascript
var nombrePropiedad = "nombre";
Alumno[nombrePropiedad] = " James Rodriguez ";
nombrePropiedad = "grado";
Alumno[nombrePropiedad] = "11";
```

Se puede utilizar la notación de corchetes con for...in para repetir las propiedades de un objeto enumerable. Para ilustrar cómo funciona esto, la siguiente función muestra las propiedades del objeto cuando se pasan como argumentos de la función **el objeto** y **el nombre del objeto**:

```
<html>
<head>
<title> Ejemplo del Objeto Alumno</title>
<script>
function mostrarPropiedades(objeto, nombreObjeto) {
 var resultado = "";
 for (var i in objeto) {
 if (objeto.hasOwnProperty(i)) {
 resultado += nombreObjeto + "." + i + " = " + objeto[i] +
"\n";
 }
 }
 return resultado;
}
</script>
</head>
<body>
<script>
var Alumno = new Object();
Alumno["nombre"] = "James Rodriguez";
Alumno.grado = 11;
Alumno[""] = "Para Observaciones";
alert(mostrarPropiedades(Alumno, "Alumno") );
</script>
</body>
</html>
```

Por lo tanto, la llamada a la función **mostrarPropiedades(Alumno, "Alumno")** retornaría lo siguiente:

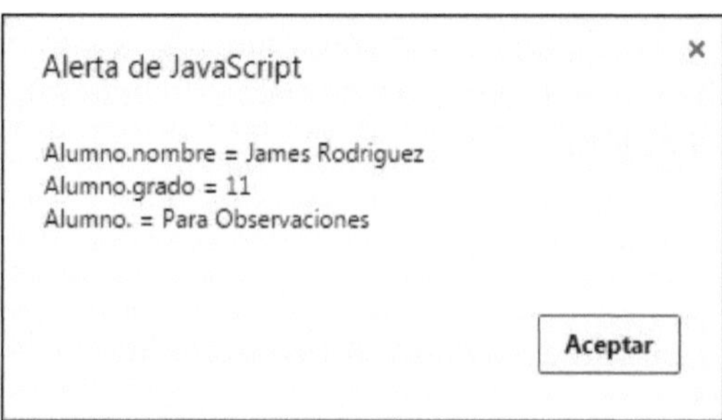

Listando todas las propiedades de un objeto

Hay tres formas nativas de "Lista/cruzada" de propiedades de objeto:

- bucles for...in: Este método atraviesa todas las propiedades enumerables de un objeto y su cadena de prototipo
- Object.keys(o)
- Este método devuelve una matriz con los mismos (no en la cadena de prototipos) nombres ("keys") enumerables de las popiedades de un objeto o.
- Object.getOwnPropertyNames(o)

- Este método devuelve una matriz que contiene todos los nombres (enumerables o no) de las propiedades de un objeto o.

Ejemplo:

```
<html>
<head>
<title> Ejemplo del Objeto Alumno</title>
<script>
function listaTodasLasPropiedades(o){
 var objetoAInspeccionar;
```

```html
 var resultado = [];

 for(objetoAInspeccionar = o; objetoAInspeccionar !==
null;                   objetoAInspeccionar               =
Object.getPrototypeOf(objetoAInspeccionar)){
 resultado                                               =
resultado.concat(Object.getOwnPropertyNames(objetoAIn
speccionar)) + "\n";
 }
 return resultado;
}
</script>
</head>
<body>
<script>
var Alumno = new Object();
Alumno["codigo"] = Math.trunc(Math.random()*100000)+1;
Alumno["fecha"]= new Date();
Alumno["nombre"] = "James Rodriguez";
Alumno.grado = 11;
Alumno[""] = "Para Observaciones";
alert( listaTodasLasPropiedades(Alumno) );
</script>
</body>
</html>
```

Esto puede ser útil para revelar las propiedades "ocultas" (propiedades de la cadena de prototipo que no se puede acceder a través del objeto, porque otra propiedad tiene el mismo nombre antes en la cadena de prototipo). La lista de propiedades accesibles sólo se puede hacer fácilmente mediante la eliminación de duplicados en el matriz.

Creando nuevos objetos con el uso de inicializadores de objeto

El uso de los inicializadores de objeto se refiere a veces a cómo crear objetos con la notación literal. "Inicializador de objeto" es consistente con la terminología utilizada por C + +.

La sintaxis para un objeto usando un inicializador de objeto es:

```
var objeto = { propiedad_1: valor_1, // propiedad_# puede ser un identificador...
 2:  valor_2, // o un numero...
 // ...,
 "propiedad n": valor_n }; // o una cadena donde objeto es el nombre del nuevo objeto, cada propiedad_i es un identificador (ya sea un nombre, un número o una cadena literal), y cada valor_i es una expresión cuyo valor se asigna a la propiedad_i. El objeto y la asignación es opcional; si usted no necesita hacer referencia a este objeto desde otro lugar, no necesita asignarlo a una variable.

(Tenga en cuenta que tal vez necesite envolver el objeto literal entre paréntesis si el objeto aparece donde se espera una declaración, a fin de no confundir el literal con una declaración de bloque.). El siguiente ejemplo crea miAlumno con tres propiedades.
var miAlumno = {codigo: 123456, nombre: "Saul Castro", grado: 11};
```

Si un objeto se crea con un inicializador de objeto en un script de nivel superior, JavaScript interpreta el objeto cada vez que se evalúa una expresión que contiene el objeto literal. Además, se crea un inicializador de función cada vez que se llama a la función.

CAPITULO 4. EVENTOS EN JAVASCRIPT

Introducción

En JavaScript, la interacción con el usuario se consigue mediante la captura de los eventos que éste produce. Un evento es una acción del usuario ante la cual puede realizarse algún proceso (por ejemplo, el cambio del valor de un formulario, o la pulsación de un enlace).

Los eventos se capturan mediante los manejadores de eventos. El proceso a realizar se programa mediante funciones JavaScript llamadas por los manejadores de eventos.

La siguiente tabla muestra los manejadores de eventos que pueden utilizarse en JavaScript y su significado.

Manejador	Se produce cuando...
onAbort	El usuario interrumpe la carga de una imagen
onBlur	Un elemento de formulario, una ventana o un marco pierden el foco
onChange	El valor de un campo de formulario cambia
onClick	Se hace *click* en un objeto o formulario
onDblClick	Se hace *click* doble en un objeto o formulario

Manejador	Se produce cuando...
onDragDrop	El usuario arrastra y suelta un objeto en la ventana
onError	La carga de un documento o imagen produce un error
onFocus	Una ventana, marco o elemento de formulario recibe el foco
onKeyDown	El usuario pulsa una tecla
onKeyPress	El usuario mantiene pulsada una tecla
onKeyUp	El usuario libera una tecla
onLoad	El navegador termina la carga de una ventana
onMouseDown	El usuario pulsa un botón del ratón
onMouseMove	El usuario mueve el puntero
onMouseOut	El puntero abandona una área o enlace
onMouseOver	El puntero entra en una área o imagen
onMouseUp	El usuario libera un botón del ratón
onMove	Se mueve una ventana o un marco

Manejador	Se produce cuando...
onReset	El usuario limpia un formulario
onResize	Se cambia el tamaño de una ventana o marco
onSelect	Se selecciona el texto del campo texto o área de texto de un formulario
onSubmit	El usuario envía un formulario
onUnload	El usuario abandona una página

Ejemplo de evento:

```
<INPUT TYPE="text" onChange= "CompruebaCampo
(this)">
```

En este ejemplo, **CompruebaCampo()** es una función JavaScript definida en HTML (habitualmente en <head>...</head>).

El identificador **this** es una palabra propia del lenguaje, y se refiere al objeto desde el cual se efectúa la llamada a la función (en este caso, el campo del formulario).

La siguiente tabla muestra los eventos que pueden utilizarse con los campos (objetos para JavaScript) del formulario y objetos del navegador.

Manejador de evento	Objetos para los que está definido
onAbort	*Image*
onBlur	*Button, Checkbox, FileUpload, Layer, Password, Radio, Reset, Select, Submit, Text, Textarea, window*
onChange	*FileUpload, Select, Text, Textarea*
onClick	*Button, document, Checkbox, Link, Radio, Reset, Submit*
onDblClick	*document, Link*
onDragDrop	*window*
onError	*Image, window*
onFocus	*Button, Checkbox, FileUpload, Layer, Password, Radio, Reset, Select, Submit, Text, Textarea, window*
onKeyDown	*document, Image, Link, Textarea*
onKeyPress	*document, Image, Link, Textarea*
onKeyUp	*document, Image, Link, Textarea*
onLoad	*Image, Layer, window*

Manejador de evento	Objetos para los que está definido
onMouseDown	*Button, document, Link*
onMouseMove	Ninguno (debe asociarse a uno)
onMouseOut	*Layer, Link*
onMouseOver	*Layer, Link*
onMouseUp	*Button, document, Link*
onMove	*window*
onReset	*Form*
onResize	*window*
onSelect	*Text, Textarea*
onSubmit	*Form*
onUnload	*window*

MÉTODOS DE EVENTOS DISPONIBLES EN JAVASCRIPT

Los siguientes métodos de evento pueden utilizarse en JavaScript:

Métodos de evento	Función que realizan
blur()	Elimina el foco del objeto desde el que se llame
click()	Simula la realización de un *click* sobre el objeto desde el que se llame
focus()	Lleva el foco al objeto desde el que se llame
select()	Selecciona el área de texto del campo desde el que se llame
submit()	Realiza el envío del formulario desde el que se llame

Ejemplo:

```
<html>
<head>
<title>Eventos</title>
<script>
function Reacciona(campo) {
 alert("¡Introduzca un valor!")
 campo.focus()
}
</script>
</head>
<body>
<form>
```

```
<INPUT TYPE=text NAME=campo
onFocus="Reacciona(this)">
</form>
</body>
</html>
```

Eventos *onLoad* y *onUnload*

Se usan como atributos del *tag* **<Body>** de HTML.

Ejemplo:

```
<body onLoad="Hola()" onUnload="Adios()">
```

La función **Hola()** se ejecutará antes de que se cargue la página y la función **Adios()** cuando se abandona la página.

```
<html>
<head>
<title>Eventos</title>
<script>
var name = ""
function Hola() {
 nombre = prompt('Introduzca su nombre:','')
 alert('¡Hola ' + nombre + '!')
}

function Adios() {
 alert('¡Adios ' + nombre + '!')
}
</script>
```

```html
</head>
<body onLoad="Hola()" onUnload="Adios()">
<form>
</form>
</body>
</html>
```

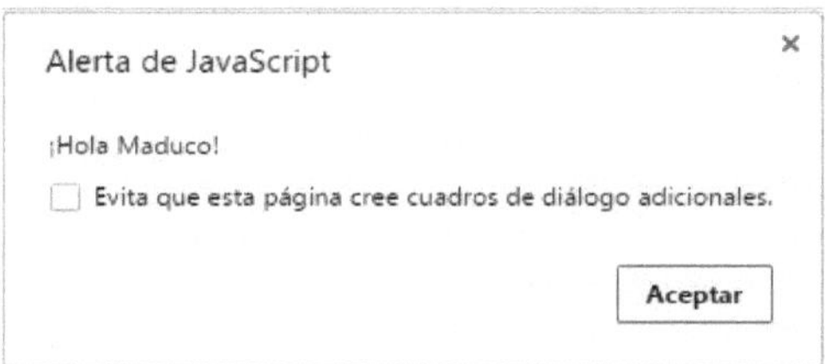

Ejemplo de aplicación en formularios

El siguiente es un ejemplo para un campo de texto:

```
<INPUT TYPE=text NAME="test"
onBlur="alert('¡Gracias!')" onChange="Comprueba(this)">
```

En este ejemplo, se simula una calculadora interactiva:

```
<html>
<head>
<title>Eventos</title>
<script>
function Calcular(form) {
 form.resultados.value = eval(form.entrada.value)
}

function TomaExpresion(form) {
 form.entrada.blur()
 form.entrada.value = prompt("Introduce una expresión
matemática válida en JavaScript ","")
 Calcular(form)
}
</script>
</head>
<body>
<form>
Calculadora interactiva:
<INPUT TYPE=text NAME="entrada" VALUE=""
onFocus="TomaExpresion(this.form)">
<BR>El resultado es:<INPUT TYPE=text
NAME="resultados" VALUE="" onFocus="this.blur()">
</form>
</body>
</html>
```

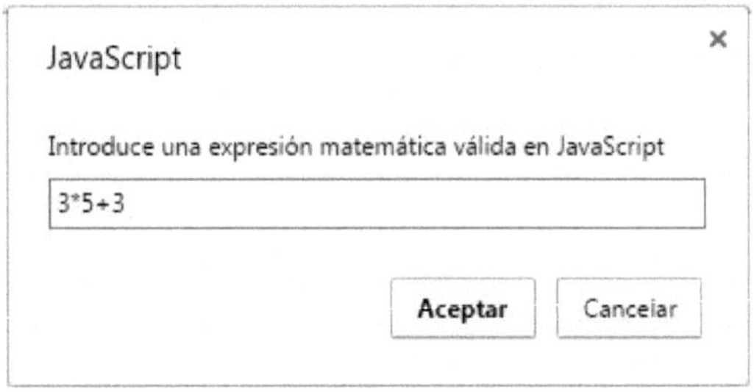

JavaScript
×
Introduce una expresión matemática válida en JavaScript
3*5+3
Aceptar
Cancelar

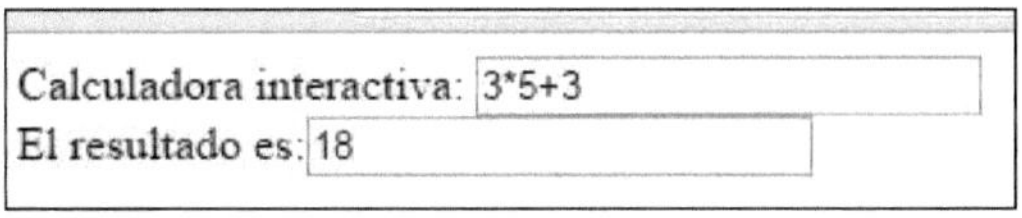

Calculadora interactiva: 3*5+3
El resultado es: 18

CAPITULO 5. OBJETOS FORMULARIOS–JAVASCRIPT

ATRIBUTO id

Este atributo asigna un nombre a un elemento. Este nombre debe ser único en un documento.

El atributo id tiene varios papeles en HTML:

- Como medio de hacer referencia a un elemento en particular desde un script.
- Como identificador de un Objeto del Formulario
- Para procesos generales por parte de agentes de usuario (p.ej., para identificar objetos del formulario cuando se transfieren datos desde páginas HTML hasta una base de datos, para traducir documentos HTML a otros formatos, etc.).

Ejemplos:

```
<input type="text" name="nombre" id='nombre'>
<select id="cargos">
```

OBJETO Button

ATRIBUTOS

id (name)
El atributo "id" asigna un identificador al elemento asociado. Este identificador debe ser único en el documento y puede ser usado para referirse a ese elemento.

name ()

Asigna un nombre al elemento para referencias futuras. Se recomienda el uso del atributo "id" en su lugar para compatibilidad con código XHTML.

value ()

Asigna un valor inicial al elemento. Depenediendo de la naturaleza del elemento este valor puede ser posteriormente cambiado por el usuario.

Ejemplo:

Código Visualización
```
<form action="ejemplo.php">
<div>
<input name="primercampo" type="text" value="Aquí está el valor inicial" id="pc">
</div>
</form>
```

Type

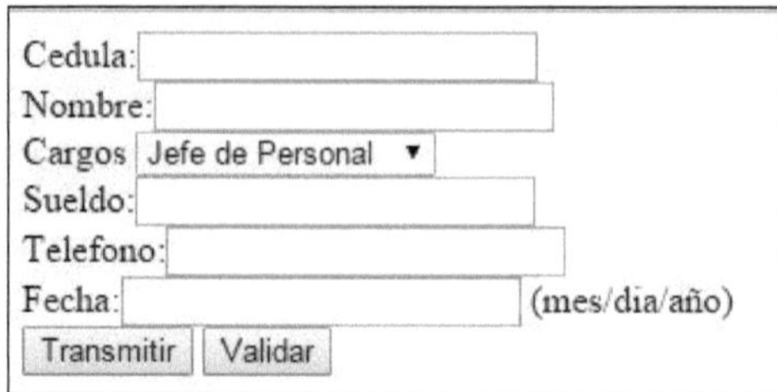

Define el tipo del botón. Puede tener uno de estos valores insensibles a mayúsculas/minúsculas:

- **submit:** Crea un botón de envío (valor predeterminado). Cuando un botón de tipo "submit" es presionado, el formulario al que corresponde es enviado automáticamente.

- **reset:** Crea un botón "reset". Cuando un botón reset es presionado, todos los campos en el formulario vuelven a sus valores iniciales.

- **button:** Crea un botón "pulsar". Este tipo de botones no tiene una acción predeterminada. Son usualmente definidos con funciones JavaScript que manejas sus eventos.

Por ejemplo:

```
<input type="button" name="para" value="Transmitir"
id="para"
onclick="disparaparametro('para2.html',cargo.selectedInd
ex )">
disabled
```

Cuando se establece este atributo, el control es deshabilitado, lo que significa que no puede obtener el enfoque, que su valor no puede ser cambiado y que no será enviado junto con el formulario.

Dependiendo del navegador los elementos deshabilitados pueden ser mostrados de una manera diferente.

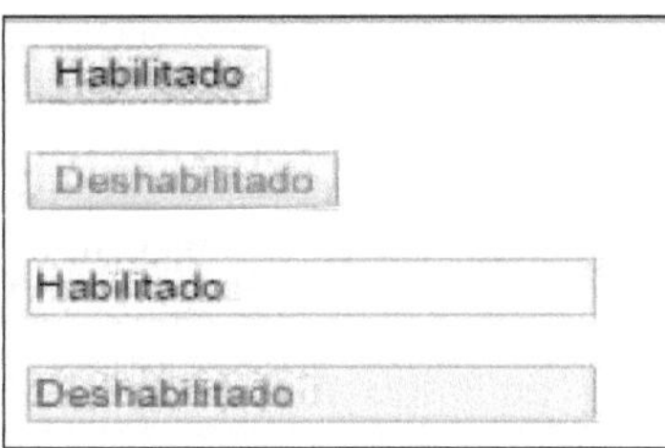

Codigo JavaScript:

```html
<html>
<head>
<title>Eventos</title>
</head>
<body>
<form>
<div>
<input name="primerboton" type="button"
value="Habilitado" /><br /><br />
<input name="segundoboton" type="button"
value="Deshabilitado" disabled="disabled" /><br /><br />
<input name="textosegundo" type="text"
value="Habilitado" /><br /><br />
<input name="textoprimero" type="text"
value="Deshabilitado" disabled="disabled" />
</div>
</form>
</body>
</html>
```

tabindex (number)

Especifica la posición del elemento en el orden de tabulación. El orden de tabulación define una secuencia con todos los elementos que pueden recibir el enfoque. Los usuarios pueden navegar dicha secuencia mediante el teclado (usualmente con la tecla "tab").

accesskey (character)

Establece una relación entre este elemento y una tecla de carácter, permitiendo al usuario activarlo mediante esa tecla (usualmente cuando es utilizada junto con la tecla "alt"). El resultado de la activación depende de la naturaleza del elemento actual. Para vínculos, esta acción automáticamente sigue el vínculo, y para otros elementos simplemente recibe el enfoque.

EVENTOS

- onfocus
- onblur
- onclick
- ondblclick
- onmousedown
- onmouseup
- onmouseover
- onmousemove
- onmouseout
- onkeypress
- onkeydown
- onkeyup

OBJETO SELECT

El objeto select de un formulario es una de esas listas desplegables
que nos permiten seleccionar un elemento. Se despliegan
apretando sobre una flecha, a continuación, se puede escoger un
elemento y para acabar se vuelven a plegar. Se puede ver un
elemento select de un formulario a continuación.

Uno de estos elementos se puede obtener utilizando la etiqueta
<SELECT> dentro de un formulario. A la etiqueta le podemos añadir
un atributo para darle el nombre, NAME, para luego acceder a ese
campo mediante JavaScript. Para expresar cada una de las
posibles opciones del campo select utilizamos una etiqueta
<OPTION> a la que le introducimos un atributo VALUE para
expresar su valor.

El texto que colocamos después de la etiqueta <OPTION> sirve
como etiqueta de esa opción, es el texto que ve el usuario asociado
a esa opción.

PROPIEDADES

Vamos a ver una lista de las propiedades de este elemento de
formulario.

length
Guarda la cantidad de opciones del campo select. Cantidad de
etiquetas <OPTION>

Option
Hace referencia a cada una de sus opciones. Son por si mismas
objetos.

options
Un array con cada una de las opciones del select.

selectedIndex

Es el índice de la opción que se encuentra seleccionada.

Aparte de las conocidas propiedades comunes a todos los elementos de formulario: form y name y type.

MÉTODOS

Los métodos son solamente 2 y ya conocemos su significado.

- **blur():** Para retirar el foco de la aplicación de ese elemento de formulario.
- **focus():** Para poner el foco de la aplicación.

Objeto option

Las option son las distintas opciones que tiene un select, expresadas con la etiqueta <OPTION>.

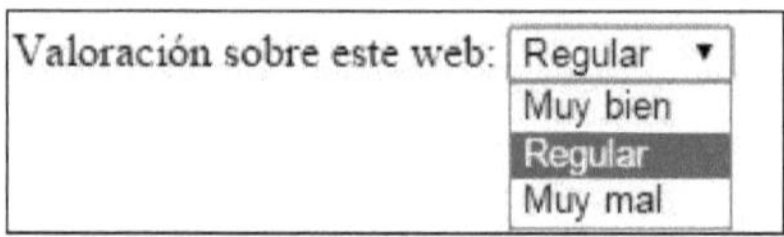


```
<select name="miSelect" id="opcion">
<option value="10">Muy bien
<option value="5" selected>Regular
<option value="0">Muy mal
</select>
```

PROPIEDADES DE OPTION

Estos objetos sólo tienen propiedades, no tienen métodos. Vamos a verlas.

defaultSelected
Indica con un true o un false si esa opción es la opción por defecto. La opción por defecto se consigue con HTML colocando el atributo selected a un option.

index
El índice de esa opción dentro del select.

selected
Indica si esa opción se encuentra seleccionada o no.

text
Es el texto de la opción. Lo que puede ver el usuario en el select, que se escribe después de la etiqueta <OPTION>.

value
Indica el valor de la opción, que se introduce con el atributo VALUE de la etiqueta <OPTION>. Ejemplo de acceso a un select

Id
Identificación del objeto

A continuación, un ejemplo sobre cómo se accede a un select con JavaScript, como se puede acceder a sus distintas propiedades y a la opción seleccionada. Se empieza viendo el formulario que tiene un select. Es un select que sirve para valorar la página web que se está accediendo.

```
<form name="formul">
```

Valoración sobre este web:

```html
<select name="miSelect" id="opcion">
<option value="10">Muy bien
<option value="5" selected>Regular
<option value="0">Muy mal
</select>
<br>
<br>
<input type=button value="Dime propiedades"
onclick="dimePropiedades()">
</form>
```

Ahora una función que recoge las propiedades más significativas del campo select y las presenta en una caja alert.

Esta función crea una variable de texto donde va introduciendo cada una de las propiedades del select (para JavaScript document.formul.miSelect).

La primera contiene el valor de la propiedad length del select, la segunda el índice de la opción seleccionada y las dos siguientes contienen el valor y el texto de la opción seleccionada. Para acceder a la opción seleccionada se utiliza el array options con el índice recogido en la segunda variable.

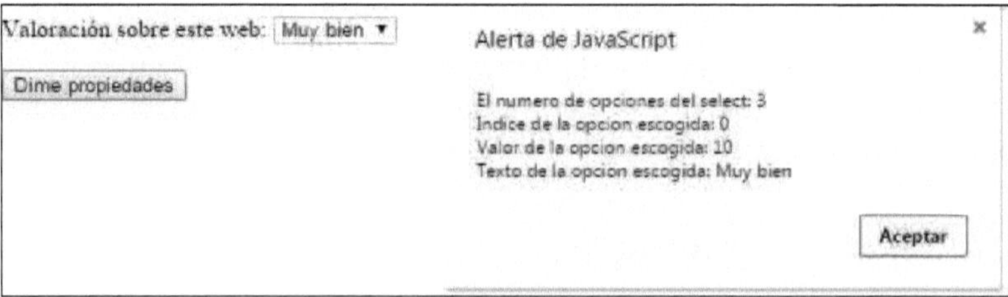

El código completo es el siguiente:

```html
<html>
<head>
<title>Eventos</title>
<script>
function dimePropiedades(){
 var texto
 texto = "El numero de opciones del select: " +
document.formul.miSelect.length
 var indice = document.formul.miSelect.selectedIndex
 texto += "\nIndice de la opcion escogida: " + indice
 var valor =
document.formul.miSelect.options[indice].value
 texto += "\nValor de la opcion escogida: " + valor
 var textoEscogido =
document.formul.miSelect.options[indice].text
 texto += "\nTexto de la opcion escogida: " +
textoEscogido
 alert(texto)
} </script>
</head>
<body>
<form name="formul">
Valoración sobre este web:
<select name="miSelect" id="opcion">
<option value="10">Muy bien
<option value="5" selected>Regular
<option value="0">Muy mal
</select>
<br> <br>
<input type=button value="Dime propiedades"
onclick="dimePropiedades()">
</form>
</body>
</html>
```

OBJECTO checkbox

Los checkbox son las unas cajas que permiten marcarlas o no para verificar o realizar una acción sobre el formulario. Podemos ver una caja checkbok a continuación.

Los checkbox se definen con la etiqueta <INPUT type=checkbox>. Con el atributo NAME de la etiqueta <INPUT> le podemos dar un nombre para luego acceder a ella con JavaScript. Con el atributo CHECKED indicamos que el campo debe aparecer chequeado por defecto.

Con JavaScript, a partir de la jerarquía de objetos del navegador, tenemos acceso al checkbox, que depende del objeto form del formulario donde está incluido.

PROPIEDADES

Las propiedades que tiene un checkbox son las siguientes.

checked
Informa sobre el estado del checkbox. Puede ser true o false.

defaultChecked
Si está chequeada por defecto o no.

value
El valor actual del checkbox.
También tiene las propiedades form, name, type, id como cualquier otro elemento de formulario.

MÉTODOS

Veamos la lista de los métodos de un checkbox.

click()
Es como si hiciésemos un click sobre el checkbox, es decir, cambia el estado del checkbox.

blur()
Retira el foco de la aplicación del checkbox.

focus()
Coloca el foco de la aplicación en el checkbox.
Para ilustrar el funcionamiento de las checkbox se va ver una página que tiene un checkbox y tres botones.

Los dos primeros para mostrar las propiedades checked y value y el tercero para invocar a su método click () con objetivo de simular un click sobre el checkbox.

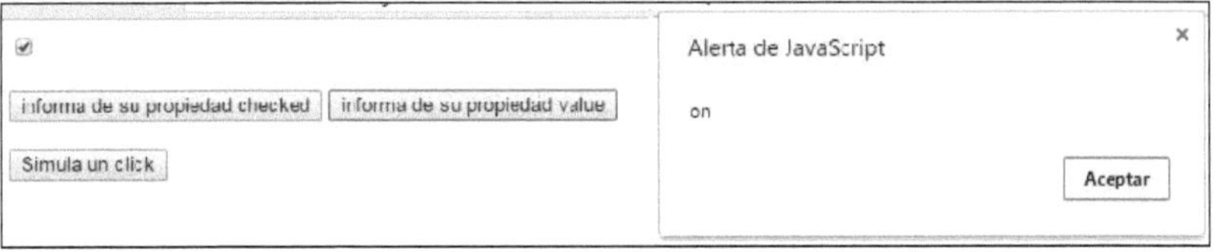


```
<html>
<head>
 <title>Ejemplo Checkbox</title>
<script>
function alertaChecked(){
 alert(document.miFormulario.miCheck.checked)
}
function alertaValue(){
 alert(document.miFormulario.miCheck.value)
```

```
}
function metodoClick(){
 document.miFormulario.miCheck.click()
}
</script>
</head>

<body>
<form name="miFormulario"
action="mailto:promocion@guiarte.com"
enctype="text/plain">
<input type="checkbox" name="miCheck">
<br>
<br>
<input type="button" value="informa de su propiedad
checked" onclick="alertaChecked()">
<input type="button" value="informa de su propiedad
value" onclick="alertaValue()">
<br>
<br>
<input type="button" value="Simula un click"
onclick="metodoClick()">
</form>
</body>
</html>
```

OBJETO radio

El botón de radio (o radio button en inglés) es un elemento de formulario que permite seleccionar una opción y sólo una, sobre un conjunto de posibilidades. Se puede ver a continuación.

Se consiguen con la etiqueta

```
<INPUT type=radio>
```

Con el atributo NAME de la etiqueta <INPUT> les damos un nombre para agrupar los radio button y que sólo se pueda elegir una opción entre varias.

Con el atributo value indicamos el valor de cada uno de los radio buttons. El atributo checked nos sirve para indicar cuál de los radio butons tiene que estar seleccionado por defecto.

Cuando en una página tenemos un conjunto de botones de radio se crea un objeto radio por cada uno de los botones. Los objetos radio dependen del formulario y se puede acceder a ellos por el array de elements, sin embargo, también se puede crear un array con los botones de radio. Este array depende del formulario y tiene el mismo nombre que los botones de radio.

PROPIEDADES DEL OBJETO RADIO

Veamos una lista de las propiedades de este elemento.

checked
Indica si está chekeado o no un botón de radio.

defaultChecked
Su estado por defecto.

value
El valor del campo de radio, asignado por la propiedad value del radio.

Length (como propiedad del array de radios)
El número de botones de radio que forman parte en el grupo. Accesible en el vector de radios.

MÉTODOS

Son los mismos que los que tenía el objeto checkbox.

Ejemplo:
Veamos con un ejemplo el método de trabajo con los radio buttons en el que vamos a colocar un montón de ellos y cada uno tendrá asociado un color. También habrá un botón y al pulsarlo cambiaremos el color de fondo de la pantalla al color que esté seleccionado en el conjunto de botones de radio.

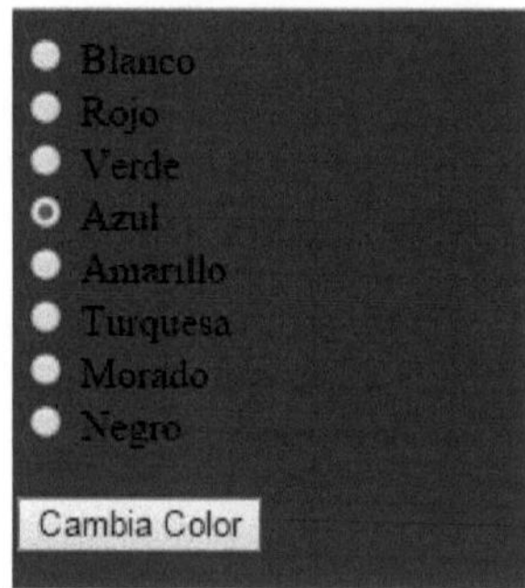

Vamos a ver la página entera y luego la comentamos.

```html
<html>
<head>
 <title>Ejemplo Radio Button</title>
<script>
function cambiaColor(){
 var i
 for (i=0;i<document.fcolores.colorboton.length;i++){
 if (document.fcolores.colorboton[i].checked)
  break;
 }
 document.bgColor =
document.fcolores.colorboton[i].value
```

```html
}
</script>
</head>
<body>
<form name=fcolores>
<input type="Radio" name="colorboton" value="ffffff"
checked> Blanco
<br>
<input type="Radio" name="colorboton" value="ff0000">
Rojo
<br>
<input type="Radio" name="colorboton" value="00ff00">
Verde
<br>
<input type="Radio" name="colorboton" value="0000ff">
Azul
<br>
<input type="Radio" name="colorboton" value="ffff00">
Amarillo
<br>
<input type="Radio" name="colorboton" value="00ff00">
Turquesa
<br>
<input type="Radio" name="colorboton" value="ff00ff">
Morado
<br>
<input type="Radio" name="colorboton" value="000000">
Negro
<br>
<br>
<input type="Button" name="" value="Cambia Color"
onclick="cambiaColor()">
</form>
</body>
</html>
```

Primero podemos fijarnos en el formulario y en la lista de botones de radio. Todos se llaman "colorboton", así que están asociados en un mismo grupo. Además, vemos que el atributo value de cada botón cambia. También vemos un botón abajo del todo.

Con esta estructura de formulario tendremos un array de elements de 9 elementos, los 8 botones de radio y el botón de abajo.

Además, tendremos un array de botones de radio que se llamará colorín y depende del formulario, accesible de esta manera.

```
document.form.colorboton
```

Este array tiene en cada posición uno de los botones de radio. Así en la posición 0 está el botón del color blanco, en la posición 1 el del color rojo.

Para acceder a esos botones de radio lo hacemos con su índice.

```
document.fcolores.colorboton[0]
```

Si queremos acceder por ejemplo a la propiedad value del último botón de radio escribimos lo siguiente.

```
document.fcolores.colorboton[7].value
```

La propiedad length del array de radios nos indica el número de botones de radio que forman parte del grupo.

```
document.fcolores.colorboton.length
```

En este caso la propiedad length valdrá 8.

Con estas notas podremos entender más o menos bien la función que se encarga de encontrar el radio button seleccionado y cambiar el color de fondo de la página.
Se define una variable en la que introduciremos el índice del radio button que tenemos seleccionado. Para ello vamos recorriendo el array de botones de radio hasta que encontramos el que tiene su propiedad checked a true.

En ese momento salimos del bucle, con lo que la variable i almacena el índice del botón de radio seleccionado. En la última línea cambiamos el color de fondo a lo que hay en el atributo value del radio button seleccionado.

OBJETO text

Vamos a ver ahora los campos donde podemos guardar cadenas de texto, es decir, los campos de texto, password y hidden. Hay otro campo relacionado con la escritura de texto, el campo TextArea, que veremos más adelante.

Campo Text

Es el campo que resulta de escribir la etiqueta <INPUT type="text">. Lo hemos utilizado hasta el momento en varios ejemplos, pero vamos a parar un momento en él para describir sus propiedades y métodos.

PROPIEDADES

Vemos la lista de propiedades de estos tipos de campo.

defaultValue
Es el valor por defecto que tiene un campo. Lo que contiene el atributo VALUE de la etiqueta <INPUT>.

form

Hace referencia al formulario.

name

Contiene el nombre de este campo de formulario

type

Contiene el tipo de campo de formulario que es.

value

El texto que hay escrito en el campo.

Id

Identificador del campo

Vamos a ver un ejemplo sobre lo que puede hacer la propiedad defaultValue. En este ejemplo tenemos un formulario y un botón de reset. Si pulsamos el botón de reset el campo de texto se vacía porque su value de HTML era un string vacío.

Pero si pulsamos el botón siguiente llamamos a una función que cambia el valor por defecto de ese campo de texto, de modo que al pulsar el botón de reset mostrará el nuevo valor por defecto.

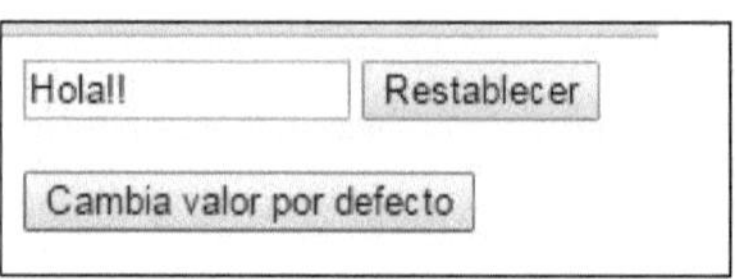

Este es el código de la página completa.

```html
<html>
<head>
 <title>Cambiar el valor por defecto</title>
 <script>
```

```html
function cambiaDefecto(){
document.miFormulario.campo1.defaultValue = "Hola!!"
}
 </script>
</head>
<body>
<form name="miFormulario"
action="mailto:promocion@guiarte.com"
enctype="text/plain">
<input type="Text" name="campo1" value="" size="12">
<input type="Reset">
<br>
<br>
<input type="button" value="Cambia valor por defecto"
onclick="cambiaDefecto()">
</form>
</body>
</html>
```

MÉTODOS

Se pueden invocar los siguientes métodos sobre los objetos tipo Text.

blur()
Retira el foco de la aplicación del campo de texto.

focus()
Pone el foco de la aplicación en el campo de texto.

select()
Selecciona el texto del campo.

Como ejemplo vamos a mostrar una función que selecciona el texto de un campo de texto de un formulario como el de la página del ejemplo anterior. Para hacerlo hemos utilizado dos métodos, el primero para pasar el foco de la aplicación al campo de texto y el segundo para seleccionar el texto.

```
function seleccionaFoco(){
 document.miFormulario.campo1.focus()
 document.miFormulario.campo1.select()
}
```

Campos Password

Estos funcionan igual que los hidden, con la peculiaridad que el contenido del campo no puede verse escrito en el campo, por lo que salen asteríscos en lugar del texto.

Campos Hidden

Los campos hidden son como campos de texto que están ocultos para el usuario, es decir, que no se ven en la página. Son muy útiles en el desarrollo de webs para pasar variables en los formularios a las que no debe tener acceso el usuario.

Se colocan en con HTML con la etiqueta <INPUT type=hidden> y se rellenan de datos con su atributo value.

```
document.miFormulario.CampoHidden.value = "nuevo texto"
```

El campo hidden sólo tiene algunas de las propiedades de los campos de texto. En concreto tiene la propiedad value y las propiedades que son comunes de todos los campos de formulario: name, from y type, que ya se describieron para los campos de texto.

OBJETO Textarea

Para acabar de describir todos los elementos de formularios vamos a ver el objeto textarea que es un elemento que presenta un lugar para escribir texto, igual que los campos text, pero con la particularidad que podemos escribir varias líneas a la vez.

En los Textarea se puede colocar el texto en varias líneas

Un campo textarea se consigue con la etiqueta <TEXTAREA>. Con el atributo name le podemos dar un nombre para acceder al campo textarea mediante JavaScript.

Otros atributos interesantes son cols y rows que sirven para indicar la anchura y altura del campo textarea en caracteres, cols indica el número de columnas y rows el de filas. aunque no se puede acceder a ellos con JavaScript.

El valor por defecto de un campo textarea se coloca entre las etiquteta <TEXTAREA> y su correspondiente cierre.

PROPIEDADES

Se puede ver una lista de las propiedades disponibles en un textarea a continuación, que son los mismos que un campo de texto.

defaultValue
Que contiene el valor por defecto del textarea.

value
Que contiene el texto que hay escrito en el textarea.

Además, tiene las conocidas propiedades de elementos de formulario form, name, id y type.

MÉTODOS

Veamos una lista de los métodos, que son los mismos que en un campo de texto.

blur()

Para quitar el foco de la aplicación del textarea.

focus()

Para poner el foco de la aplicación en el textarea.

select()

Selecciona el texto del textarea.

Vamos a ver un ejemplo a continuación que presenta un formulario que tiene un textarea y un botón. Al apretar el botón se cuenta el número de caracteres y se coloca en un campo de texto.

Para acceder al número de caracteres lo hacemos a partir de la propiedad value del objeto textarea. Como value contiene un string podemos acceder a la propiedad length que tienen todos los strings para averiguar su longitud.

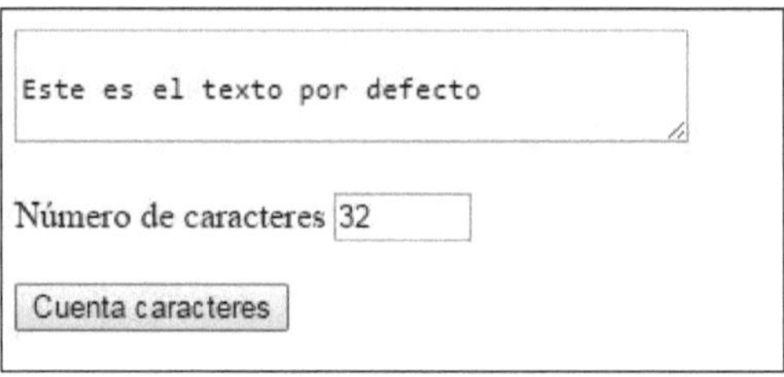

El código de la página se puede ver aquí.

```
<html>
<head>
```

```html
<title>Ejemplo textarea</title>
<script>
function cuenta(){
 numCaracteres = document.formul.textito.value.length
 document.formul.numCaracteres.value = numCaracteres
}
</script>
</head>
<body>
<form name="formul">
<textarea name=textito cols=40 rows=3>
Este es el texto por defecto
</textarea>
<br>
<br>
Número de caracteres <input type="Text"
name="numCaracteres" size="4">
<br>
<br>
<input type=button value="Cuenta caracteres"
onclick="cuenta()">
</form>
</body>
</html>
```

REFERENCIA 1. ETIQUETAS FORMULARIOS DE HTML.

Un formulario HTML es una sección de un documento que contiene contenido normal, código, elementos especiales llamados controles (casillas de verificación (checkboxes), radiobotones (radio buttons), menúes, etc.), y rótulos (labels) en esos controles.

Los usuarios normalmente "completan" un formulario modificando sus controles (introduciendo texto, seleccionando objetos de un menú, etc.), antes de enviar el formulario a un agente para que lo procese (p.ej., a un servidor web, a un servidor de correo, etc.)

Los formularios tienen etiqueta inicial y final

(<FORM ...   /FORM>).

Cuando el usuario haya cargado la página, seguramente pulsará un botón submit, que hará cualquier acción. Esta acción va a ser, en la mayor parte de los casos, una invocación a un servlet o para enviar un e-mail. Cuando se pulse el botón, el navegador recogerá información almacenada en cajas de textos o similares y la envía para ser procesada en el servidor. El servidor buscará el servlet invocado, lo ejecutará y devolverá otra información también en formato HTML.

El formulario debe tener tres atributos para que al pulsar un botón se haga algo:

- Atributo ACTION: Es un atributo requerido. En él vamos a indicar el URL del servlet al que queremos invocar cuando se pulse el botón. Este servlet va a ser el que reciba la información contenida en el formulario dentro de cajas de texto o similares. Podemos referenciar el URL con un alias que tenga definido en el servidor.

```
<FORM ACTION =
"http://localhost:8080/servlet/nombreServlet ...>
```

Si en lugar de invocar un servlet, queremos enviar un e-mail a cierto buzón cuando pulsemos el botón, escribiremos:

```
<FORM ACTION = "mailto:rschocano@hotmail.es ...>
```

Atributo ENCTYPE: Este atributo no es obligatorio. El navegador va a codificar los datos del formulario después de pasarlos al servidor, quien deberá decodificarlo o pasarlos codificados a otra aplicación.

Podemos cambiar el tipo de codificación usando este atributo. Las posibles codificaciones que tendremos serán:

- application/x-www-form-urlencoded: Es la codificación por defecto. multipart/form-data: Se usa solo con formularios que contienen un campo de selección de Archivos.
- text/plain: Se usa para enviar los parámetros del formulario a través de un e- mail. Cada elemento en este formulario se pone en una línea con el nombre y el valor separados por un símbolo `='.

Etiqueta METHOD: Es un atributo requerido. Especifica el método que quiere que se implemente en el servlet al que se invoca (GET o POST).

Control Botón. Los botones normales en HTML tienen deben de tener al menos dos atributos:

- NAME: El nombre del botón.
- VALUE: la etiqueta del botón

```
<INPUT TYPE=BUTTON NAME=accion VALUE="Aceptar">
```

Control Check box. Sirve para dar al usuario del formulario una forma de seleccionar o deseleccionar un ítem particular. Estos son sus atributos:

- CHECKED: Dice que por defecto, este ítem estará seleccionado.
- NAME: Es obligatorio e indica el nombre del ítem.
- VALUE: Es obligatorio e indica el valor que será enviado al servlet si el check box es seleccionado.

Un ejemplo de declaración para check box es el siguiente:

```
<INPUT TYPE=CHECKBOX NAME=age VALUE="34">
<INPUT TYPE=CHECKBOX NAME=age VALUE="12">
<INPUT TYPE=CHECKBOX NAME=age VALUE="38">
<INPUT TYPE=CHECKBOX NAME=age VALUE="22">
```

Control Input. Se utiliza para definir campos en el formulario, como cajas de texto o botones. Una estructura genérica para esta etiqueta es:

```
<INPUT TYPE= "tipo" NAME= "nombre" [atributos adicionales]>
```

El atributo TYPE es obligatorio e indica el tipo de campo que vamos a introducir en el formulario. El atributo nombre indica el nombre del campo y también es obligatorio.

Vamos a ver los campos que se pueden introducir en un formulario a través de INPUT:

Control Input Type File. Permite seleccionar un Archivo almacenado en el disco local del usuario y enviar los contenidos de este Archivo al servidor cuando el botón submit se presiona. El navegador creará una caja de texto que aceptará la cadena de texto del usuario (nombre Archivo). Los atributos son:

- ACCEPT: Dice el tipo de Archivos que el usuario puede seleccionar.
- MAXLENGTH: Longitud máxima (en caracteres) del nombre del Archivo.
- NAME: es obligatorio e indica el nombre de la caja de texto.
- SIZE: Tamaño (en caracteres) de la caja de texto.
- VALUE: Nombre del Archivo por defecto.

Un ejemplo de Archivos es:

<INPUT TYPE=file NAME=myfile SIZE=25>

Control Input Type Oculto (HIDDEN INPUT TYPE). Es un tipo que se oculta a la vista del usuario. Es una forma de ocultar información adicional en el formulario HTML. Esta información no va a ser modificada por el usuario. Lo vamos a usar, por ejemplo, para enviar información que no concierne al usuario hacia el servlet. Los atributos que debe llevar son el nombre (NAME) y el valor (VALUE):

<INPUT TYPE=hidden NAME=versión VALUE=1.0>

Control Input Type Imágenes. Este tipo va a crear un botón con una imagen. Este botón personalizado se va a crear usando la imagen que el usuario especifique y, cuando hagamos clic sobre él, se enviarán las coordenadas (X,Y) del clic del ratón cuando el clic se haga dentro de la imagen. Los valores de las coordenadas se envían como <name>.x y <name>.y. Los atributos son:
- ALIGN: El tipo de alineamiento de la imagen con el texto: TOP, TEXTTOP, MIDDLE, ABSMIDDLE, CENTER, BOTTOM, BASELINE y ABSBOOTOM.
- BORDER: Especifica el grosor del borde de la imagen en píxeles.

- NAME: Es obligatorio e indica el nombre del botón con imagen
- SRC: Es obligatorio e indica el URL de la imagen.

Un ejemplo es:

```
<INPUT TYPE=image NAME=submit SRC="imagen.gif"
ALIGN=middle>
```

Control Input Type Password. Este tipo es como una caja de texto, con la diferencia de que su contenido se enmascara con asteriscos. Los atributos son:

- MAXLENGTH: Número de caracteres que se aceptan.
- NAME: Es obligatorio e indica el nombre del campo password.
- SIZE: Tamaño de la caja de texto.
- VALUE: Valor por defecto.

Un ejemplo es:

```
<INPUT TYPE=password NAME=pass SIZE=10>
```

Control Input Type Radio Button: Sirve para presentar al usuario una lista con varias opciones de las que solo se puede seleccionar una. Los atributos son:

- CHECKED: Indica si el botón está activo.
- NAME: Es obligatorio e indica el nombre del ítem.
- VALUE: Es obligatorio e indica el valor que será enviado al servlet si el Radio Button es seleccionado.

Un ejemplo es:

```
<INPUT TYPE=radio NAME=time VALUE="NEVER"
CHECKED>
```

Control Input Type Caja de texto. Es una región en la que el usuario puede escribir lo que quiera. Sus atributos son:

* MAXLENGTH: Número total de caracteres aceptados
* NAME: Es obligatorio e indica el nombre de la caja de texto.
* SIZE: Longitud en caracteres de la caja de texto.
* VALUE: Valor por defecto.

Un ejemplo es:

```
<INPUT TYPE=text NAME=txt1 SIZE=60 MAXLENGTH=60>
```

Botón Reset: Sirve para reiniciar todos los campos que hay en el formulario a sus valores por defecto. El Servlet no se hará eco del efecto de este botón. Su único atributo es VALUE, que es la etiqueta de este botón.

Botón Submit: Es el que se utiliza para hacer llamadas a servlets. Sus atributos son:

* NAME: Es obligatorio e indica el nombre del botón Submit
* VALUE: Es obligatorio e indica la etiqueta del botón Submit.

Control SELECT. Los check box y radio button son buenos, pero a veces tendremos necesidad de usar menús desplegables o listas.

Esto lo vamos a hacer usando la etiqueta SELECT.

La estructura genérica es:

* <SELECT NAME=name SIZE=n MÚLTIPLE>
* <OPTIONS> tags…
* </SELECT>

El atributo NAME es obligatorio e indica el nombre del parámetro que será enviado al servlet.

El atributo MÚLTIPLE se utilizará cuando se desee que el usuario pueda seleccionar más de un elemento.

El atributo SIZE indica el número máximo de opciones que podemos tener en la caja de texto. Si SIZE es menor que el número de opciones, tendremos un menú desplegable.

Ejemplo de lista desplegable:

```
<SELECT NAME=time SIZE=1>
<OPTION VALUE="never"> NEVER
<OPTION VALUE="6> LESS THAN 6 MONTHS
<OPTION VALUE="6-12"> 6 - 12 MONTHS
<OPTION VALUE="always"> ALWAYS
</SELECT>
```

Control TEXTAREA. Crea una caja de texto que puede contener más de una línea. Su estructura genérica es:

- ```
<TEXTAREA NAME=name COLS=N ROWS=M>
```

*valor por defecto*

- ```
</TEXTAREA>
```

En el siguiente ejemplo creamos una caja de texto multilínea de 60 columnas y 5 filas:

```
<TEXTAREA NAME=comentario COLS=60 ROWS=5>
</TEXTAREA>
```

REFERENCIA 2. 10 FUNCIONES IMPRESCINDIBLES EN JAVASCRIPT

En la era de la información y en la denominada Web 2.0 no es posible sobrevivir sin tener un buen nivel de JavaScript. En estos pequeños 10 puntos se enriquece un poco más la capacidad del lector, detallando algunos de las funciones/métodos más importantes de JavaScript, junto con ejemplos prácticos.

JavaScript es un leguaje de scripting interpretado orientado a pseudo-objetos, esto es, que no existe herencia, aunque se puede conseguir clonando una clase y añadiendo más métodos o propiedades. Casi todos los navegadores existentes pueden interpretar JavaScript, ya que es de hecho un estándar: ECMAScript (ECMA = European Computer Manufacturers Association).

Pero sólo con el lenguaje JavaScript no podremos hacer nada en una página web. También necesitaremos el DOM (Document Object Model). El DOM es una estructura de objetos que representa absolutamente todos los elementos que componen una web, y mediante él conseguiremos acceder a información de la página web, añadir nuevos elementos, o modificarlos.

Todos estos métodos pertenecen a objetos del DOM: window, document, y element.

Función1: getElementById()

Uso: var elemento = document.getElementById(id);

Este método pertenece al objeto document. Con él obtendremos el objeto que hace referencia al elemento con un id concreto.

Por ejemplo, queremos obtener el objeto del elemento "status":

```
<div>
 <span id="status">Hola mundo...</span>
</div>
<script type="text/JavaScript ">
// Obtenemos el elemento "status"
var el = document.getElementById("status");
// Mostramos mediante una alerta el contenido del elemento
alert(el.innerHTML);
</script>
```

Función 2: getElementsByTagName()

Uso:var array_elementos= elemento.getElementsByTagName(tag);

Sirve para obtener un array con todos los elementos con un tag concreto que están contenidos dentro de un elemento. Veamos un ejemplo.

Queremos cambiar el color del texto de todos los elementos con tag "A" contenidos dentro del elemento con id "links":

```
<a href="/">Home</a>
<div id="links">
 <a href="http://google.com">Google</a>
 <a href="http://ubuntu.com">Ubuntu</a>
 <a href="http://debian.org">Debian</a>
</div><script type="text/JavaScript ">
// Obtenemos el elemento con id "links"
var el = document.getElementById("links");
// Ahora obtenemos todos los elementos con tag A que hay
// dentro del elemento 'el'
var as = el.getElementsByTagName("A");
// Y finalmente recorremos el array de elementos para
```

```
// cambiarles el color a cada uno
for (var i=0; i<as.length; i++) {
 as[i].style.color = '#000'; // negro
}
</script>
```

Función3: join()

Uso: var string = array.join(string);

El método join() pertenece al objeto Array (todos los arrays en JavaScript son un objeto Array), y nos servirá para unir todos los elementos de un array para forma una cadena de texto. Es el equivalente en PHP a implode().

Ejemplo: Queremos unir todos los nombres de un array mediante comas:

```
// Creamos el array de nombres
var nombres =
['Luis','Javier','Sancho','Roberto','Rafael','Manuel'];
// Unimos todos los elementos separándolos por comas
var juntos = nombres.join(", ");
// Y lo mostramos
alert(juntos);
```

Función4: split()

Uso:var array = string.split(string);

Al igual que join(), split() también es un método del objeto Array, aunque sirve exactamente para lo contrario: dividir una cadena de texto en un array.

Siguiendo con el ejemplo anterior:

```
var juntos = "Luis, Javier, Sancho, Roberto";
var nombres = juntos.split(", ");
for (var i=0; i
Truco: Usados ambos métodos conjuntamente podremos
crear una función para sustituir un texto por otro en una
cadena dada:
function str_replace(cadena, cambia_esto, por_esto) {
 return cadena.split(cambia_esto).join(por_esto);
}
alert(str_replace('Hola mundo!','mundo','world'));
```

Función5: addEventListener() / attachEvent()

Uso: Internet Explorer: elemento.attachEvent("on"+evento, funcion);

Resto de navegadores: elemento.addEventListener(evento, funcion, false);

Ambos métodos hacen exactamente lo mismo, sólo que, como ocurre en otros cientos de ocasiones, Microsoft usa su propia implementación del DOM. Con este método añadiremos eventos a cualquier elemento de la página web, tal como onclick, onmouseover, onmouseout, etc.

Veamos un ejemplo. Crearemos una función para la abstracción de navegadores, es decir, para que funcione tanto en IE como en Firefox o cualquier otro navegador; y después añadiremos el evento onclick a varios elementos DIV para que muestre su contenido mediante una alerta al hacer clic sobre ellos.

```
<div id="frases">
 <div>Hola mundo!</div>
 <div>Foo bar</div>
```

```html
  <div>Lorem Ipsum</div>
  </div>
  <script type="text/JavaScript ">
  // Creamos la funcion para añadir eventos
  function nuevo_evento(elemento, evento, funcion) {
   if (elemento.addEventListener) {
    elemento.addEventListener(evento, function, false);
   } else {
    elemento.attachEvent("on"+evento, function);
   }
  }
  // Obtenemos los elementos DIV a los que queremos
  añadir nuestro evento onclick
  var divs =
  document.getElementById("frases").getElementsByTagName("DIV");
  // Recorremos todos los divs
  for (var i=0; i<divs.length; i++) {
   // Añadimos el evento onclick al div
   nuevo_evento(divs[i], "click", function(){
    // Hacemos que muestre el contenido del DIV
    alert(this.innerHTML);
   });
  }
  </script>
```

Cuando hagamos clic en uno de los DIV, se nos mostrará una ventana de alerta con su contenido.

Función6: focus()

Uso: elemento.focus();

Con este método conseguiremos pasar el foco a un elemento de un formulario. Ejemplo:

```
form>
 <input type="text" id="nombre" value="Javier" />
 <input type="text" id="apellidos" value="Perez" />
</form>
<a href="#"
onclick="document.getElementById("nombre").focus()">
Nombre</a>
<a href="#"
onclick="document.getElementById("apellidos").focus()">
Apellidos</a>
```

Función7: createElement() / appendChild()

Uso: var elemento = document.createElement(tag);

Con este método del objeto document crearíamos un nuevo
elemento con un tag determinado.

Ejemplo:

```
var div = document.createElement('DIV');
```

Uso: elemento1.appendChild(elemento2);

Con este método añadiremos el elemento "elemento2" a
"elemento1". En el siguiente ejemplo, añadiremos elementos a una
lista de forma dinámica:

```
<input type="text" id="texto" />
<input type="button" value="Crear" onclick="crear()" />
<ul id="lista"></ul>
<script type="text/JavaScript ">
function crear() {
 // Obtenemos el valor entrado en la caja de texto
```

```javascript
var valor = document.getElementById("texto").value;
// Creamos un nuevo elemento LI
var li = document.createElement("LI");
// Añadimos el valor introducido al nuevo elemento
li.innerHTML = valor;
// Añadimos el elemento LI a la lista UL
var ul = document.getElementById("UL");
ul.appendChild(li);
// Vaciamos la caja de texto
document.getElementById("texto").value = "";
}
</script>
```

Función8: removeChild()

Uso: elemento.removeChild(hijo);

Este método es el usado para eliminar elementos. Se elimina el elemento hijo del objeto. Si queremos eliminar un objeto concreto, tendremos que hacerlo de la siguiente manera:

```javascript
// Obtenemos el elemento
var el = document.getElementById("elemento-a-eliminar");
// Obtenemos el padre de dicho elemento
// con la propiedad "parentNode"
var padre = el.parentNode;
// Eliminamos el hijo (el) del elemento padre
padre.removeChild(el);
```

Función9: setTimeout() / setInterval()

Uso:var temporizador = setTimeout(funcion, milisegundos);
var intervalo = setInterval(funcion, milisegundos);

Ambos métodos (objeto window) nos sirven para ejecutar código JavaScript cada x milisegundos, bien para que se ejecute una sóla vez (setTimeout) o bien para que se ejecute ilimitadamente (setInterval).

Ambos se pueden cancelar mediante clearTimeout(temporizador) y clearInterval(intervalo). Veamos un ejemplo, donde se muestra la hora y fecha del sistema cada segundo en un DIV:

```
<div id="fecha"></div>
<script type="text/JavaScript ">
 setInterval(function(){
  document.getElementById("fecha").innerHTML = new
Date();
 },1000);
</script>
```

Función10: alert() / confirm() / prompt()

Uso: alert(mensaje);

var resultado = confirm(mensaje);
var resultado = prompt(mensaje, valor);

Con estos métodos (objeto window) mostraremos ventanas modales al usuario.

Con alert() simplemente, como hemos visto en otros puntos, mostraremos un mensaje.

Con confirm() haremos exactamente lo mismo, pero además obligará al usuario a seleccionar entre dos opciones, una positiva y otra negativa, que se devolverá como parámetro (boolean).

Y con prompt() pediremos al usuario que introduzca un texto en una ventana modal.

Veamoslo con un ejemplo:

```
// Pedimos al usuario que introduzca su nombre
var nombre = prompt("Introduzca su nombre");
// Pedimos confirmación
if (confirm("¿Seguro que su nombre es "+nombre+"?")) {
 // Respuesta afirmativa...
 alert("Hola "+nombre);
}
```

confirm() es muy útil para confirmar clics en enlaces comprometidos, que hagan operaciones críticas como eliminación de datos.

```
<a href="http://miweb.com/delete/record?id=123"
onclick="return confirm('¿Está seguro?');">Eliminar
registro</a>
```

Existen muchos más métodos a nuestra disposición, aunque hay que tener en cuenta que Internet Explorer no cumple el estándar ECMAScript/DOM (entre otros tantos estándares web), y puede que un método no funcione igual en IE que en Firefox o Safari.

Aprenderse el DOM es fundamental para poder llegar a ser un buen profesional, pero por suerte para nosotros existen librerías JavaScript que nos harán la vida mucho más fácil, como jQuery, la sensación del momento entre los programadores JavaScript.

REFERENCIA 3. EXPRESIÓN REGULAR EN JAVASCRIPT

¿Qué es una expresión regular en JavaScript?

Tomado de: http://www.JavaScript kit.com/javatutors/redev2.shtml

	Las expresiones regulares son una forma de coincidencia de patrones que se pueden aplicar en el contenido textual. ¿Tomemos por ejemplo los comodines de DOS? Y * que se puede utilizar cuando usted está buscando un archivo. Se trata de un tipo de subconjunto muy limitado de expresiones regulares Por ejemplo, si desea encontrar todos los archivos que comienzan con "fn", seguido de 1 a 4 caracteres al azar, y terminando con "ht.txt", no se puede hacer eso con los comodines DOS habitual RegExp, por el contrario, podría manejar eso y mucho más complicados patrones Las expresiones regulares son, en definitiva, una forma de manejar eficazmente los datos, buscar y reemplazar cadenas, y proporcionar control de cadenas extendidas.
	A menudo una expresión regular puede de por sí el manejo de

	cadenas que otras funcionalidades, como el incorporado en los métodos y propiedades de cadena sólo se puede hacer si usted los utiliza en una función complicada o bucle.
	RegExp Sintaxis
	Hay dos formas de definir las expresiones regulares en JavaScript - una a través de un constructor de objetos y uno a través de un literal. El objeto puede ser cambiado en tiempo de ejecución, pero el literal es compilado con la carga de la escritura, y proporciona un mejor rendimiento. El literal es el mejor conocido para su uso con expresiones regulares, mientras que el constructor es mejor para dinámicamente construir expresiones regulares como los de entrada del usuario. En casi todos los casos se puede utilizar de cualquier forma de definir una expresión regular, y que serán tratados de la misma manera, no importa cómo se declaran.

Declaracion	Declaración
	Aquí están las maneras de declarar una expresión regular en JavaScript

	Mientras que otros lenguajes como PHP o VBScript utilizar otros delimitadores, en JavaScript se utiliza de barra diagonal (/) al declarar literales RegExp.

	Sintaxis		Ejemplo
			RegExp Literal
/pattern/flags;		var re = /mac / i ;	
		RegExp	Constructor de objetos
new RegExp(" pattern "," flags ");		var re = new RegExp(window.prompt("Please input a regex."," yes|yeah ")," g ");	

	Banderas Hay tres indicadores que puede utilizar en una expresión regular. La bandera de varias líneas sólo se admite en JavaScript 1.5 +, pero los otros dos son compatibles con casi todos los navegadores que puede manejar expresiones regulares (JavaScript .1.2 +). Estos indicadores se pueden utilizar en cualquier orden o combinación, y son una parte integral de la RegExp.
	Bandera
	Descripción
	Búsqueda Global
	La bandera de la búsqueda

		mundial hace que la búsqueda de expresiones regulares para la existencia en toda la cadena, creando una matriz de todas las ocurrencias que se pueden encontrar los correspondientes con el patron dado
		Ignorar el asunto
i		El caso hace caso omiso de la bandera de un caso de expresiones regulares insensibles. Para los programadores internacionales, tenga en cuenta que esto no podría funcionar en caracteres extendidos como å, ü, ñ, æ
		De varias líneas de entrada
m		Esta opción hace que el principio de la entrada (^) y al final de la entrada ($) códigos también captura principio y fin de línea, respectivamente. JavaScript 1.5 + solamente.
		Los patrones de Expresiones Regulares
		Los patrones utilizados en expresiones regulares pueden ser muy simple o muy complicado, dependiendo de lo que estamos tratando de lograr. Para que coincida con una cadena simple como "¡Hola Mundo!"

	Patrón	Descripción
		no es más difícil entonces realmente a escribir la cadena, pero si quieres para que coincida con una dirección de correo electrónico o etiquetas HTML, que podría terminar con un patrón muy complicado que va a utilizar la mayor parte de la sintaxis se presentan en la tabla de abajo.
	Patrón	
	Descripción	
	Escapar	
\		Escapa caracteres especiales de caracteres literales y literal de especial. Por ejemplo: /\(s\)/ partidos (s) 'mientras que' /(\s)/ coincide con cualquier espacio en blanco y captura el partido.

	Cuantificadores	
{ n } , { n ,} , { n , m } , * , + , ?		Cuantificadores que coincida con el sub-patrón antes de un cierto número de veces. El sub-patrón puede ser un solo carácter, una secuencia de escape, un patrón entre paréntesis o establecer un carácter { n } coincide exactamente *n* veces. { n ,} coincide con *n* o más veces.

		{ n , m } partidos *n* a *m* veces. * es la abreviatura de {0,} Coincide con cero o más veces. + es la abreviatura de {1,} Coincide con una o más veces ? es la abreviatura de {0,1} Coincide con cero o una vez. Por ejemplo: /o{1,3}/ coincide con "oo" en "dientes" y "o" en "la nariz".

		Patrón delimitadores
(pattern) , (?: pattern)		Coincide con el patrón todo el contenido(pattern) captura partido(?: pattern) no coinciden con la capturaPor ejemplo: /(d).\1/ partidos, y 'captura' papá en "abcdadef", mientras que /(?:.d){2}/ partidos, pero no captura "DACD". Nota: (?: pattern) es una función de JavaScript 1.5.
		Lookaheads
(?= pattern) , (?! pattern)		Una búsqueda anticipada partidos sólo si la subexpresión precedente es seguido por el patrón, pero el patrón no es parte del partido.La subexpresión es la parte de la expresión regular que se buscarán coincidencias. (?= pattern) coincide sólo si

		existe un patrón en la entrada siguiente.(?! pattern) coincide sólo si no hay un patrón en la entrada siguiente.Por ejemplo: /Win(?=98)/ coincide con "Ganar" sólo si "Ganar" es seguido por '98 'Nota: es una característica de búsqueda anticipada JavaScript 1.5.
		Alternancia
|		La alternancia coincide con el contenido de uno y otro lado del carácter de alternancia. Por ejemplo: /(a|b)a/ 'coincide con' AA en "dseaas" y "ba" en "acbab".
		Los conjuntos de caracteres
[characters] , [^ characters]		Coincide con cualquiera de los caracteres contenidos.Una serie de personajes se puede definir mediante el uso de un guión[characters] coincide con alguno de los *personajes* que figuran.[^ characters] niega el conjunto de caracteres y todos los partidos, pero los *personajes* que figuranPor ejemplo: /[abcd]/ coincide con alguno de una ',' b ',' c 'los personajes', 'd' y puede ser abreviado a /[ad]/ . Los intervalos deben tener en orden ascendente, de lo contrario se producirá un error.(Por ejemplo: /[da]/

		generará un error.)/[^0-9]/ coincide con todos los personajes, pero dígitos.

		Los caracteres especiales
^ , $, . , ? y todos los personajes mencionados anteriormente en la tabla.		Los caracteres especiales son caracteres que coinciden con algo más de lo que aparecen como. ^ coincide con principio de la entrada (o de nueva línea con la bandera *m*). $ partidos de final de la entrada (o fin de línea con la bandera *m*). coincide con cualquier carácter excepto una nueva línea.? inmediatamente después de un cuantificador hace que el cuantificador no expansivo (hace coincidir con mínimos en lugar del máximo del intervalo definido). Por ejemplo: /(.)*?/ partidos o nada"en todas las cadenasNota: -No codiciosos partidos no son compatibles con los navegadores más antiguos, como Netscape Navigator 4 o Microsoft Internet Explorer 5.0.

		Literal caracteres
Todos los personajes, excepto los		Asignan directamente a las características correspondientes.

que tienen un significado especial.		Por ejemplo: /a/ coincide con 'a' en "Los antepasados".
		Referencias inversas
\ n		Referencias inversas se hace referencia a lo mismo que un partido capturado anteriormente. *N* es un entero positivo distinto de cero diciéndole al navegador que capturó el partido de referencia para /(\S)\1(\1)+/g coincide con todas las ocurrencias de los tres no está en blanco siguientes caracteres iguales entre sí. /<(\S+).*>(.*)<\/\1>/ coincide con cualquier etiqueta. Por ejemplo: /<(\S+).*>(.*)<\/\1>/ partidos 'id="me"> <div texto </ div> "en" <div id = texto \ "yo \" > texto </ texto> div ".

		Personaje Escapes
\f , \r , \n , \t , \v , \0 , [\b] , \s , \S , \w , \W , \d , \D , \b , \B , \c X , \x hh , \u hhhh		\f partidos de avance\r retorno de carro\n coincide con salto de línea\t tabulación horizontal partidos\v tabulación vertical partidos \0 partidos de carácter NUL [\b] coincide con la tecla de retroceso\s coincide con los espacios en blanco (la

| | | abreviatura de [\f\n\r\t\v\u00A0\u2028\u2029]). \S coincide con otra cosa que un espacio en blanco (la abreviatura de [^\f\n\r\t\v\u00A0\u2028\u2029]). \w coincide con cualquier carácter alfanumérico (caracteres de palabra) de los cuales destacan (abreviatura de [a-zA-Z0-9_]). \W coincide con cualquier palabra caracteres no (abreviatura de [^a-zA-Z0-9_]).\d coincide con cualquier dígito (abreviatura de [0-9]) |
| | | \D coincide con cualquier no-dígito (abreviatura de [^0-9]). \b coincide con un límite de palabra (la posición entre una palabra y un espacio). \B coincide con una palabra límite no (abreviatura de [^\b]). \c X coincide con un carácter de control. Por ejemplo: \cm partidos de control-M \x hh coincide con el personaje con dos caracteres de *HH* código hexadecimal. |

	\u hhhh coincide con el carácter Unicode con cuatro personajes de *hhhh* código hexadecimal.

Expresiones regulares y el uso de métodos

	Ahora, sabiendo cómo se escribe una expresión regular es sólo la mitad del juego Para ganar algo de ellos hay que saber cómo usarlos también. Hay varias maneras de implementar una RegExp, algunos a través de métodos que pertenecen al objeto String, algunos a través de métodos que pertenecen al objeto RegExp. Si la expresión regular se declara a través de un constructor de objeto o un literal no hace ninguna diferencia en cuanto al uso.

	Descripción		Ejemplo
RegExp .exec(*string*)			
	Aplica el RegExp con la cadena dada, y devuelve la información partido.	var match = /s(amp)le/i.exec("Sample text")	match a continuación, contiene ["Sample","amp"]

RegExp .test(*string*)		
	Comprueba si la cadena dada coincide con la expresión regular y devuelve true si juego, si no falsa.	var match = /sample/.test(" Sample text")	match a continuación, contiene false

String .match(*pattern*)		
	Partidos dado cadena con el RegExp Con g devuelve una matriz que contiene la bandera de los partidos, sin g devuelve la bandera sólo el primer partido o si no la encuentra devuelve null	var str = "Watch out for the rock!".match(/r ?or?/g)	str a continuación, contiene ["o","or","ro"]

String .search(*pattern*)	
	Partidos RegExp con cadena y devuelve el índice del comienzo del partido si lo encuentra, -1 si no.	var ndx = "Watch out for the rock!".search(/for/) ndx continuación contiene 10

String .replace(*pattern* , *string*)		
	Sustituye a los partidos de la cadena dada, y devuelve la cadena ha editado.	var str = "Liorean said: My name is Liorean!".replace(/Liorean/g,'Big Fat Dork') str a continuación, contiene "Big Fat Dork said: My name is Big Fat Dork!"

String .split(*pattern*)		
	Corta una cadena en una matriz, haciendo cortes en los partidos.	var str = "I am confused".split(/\s/g) str a continuación, contiene ["I","am","confused"]

Ejemplos:

Cualquier letra en minúscula	[a-z]
Entero	^(?:\+|-)?\d+$
Correo electrónico	/[\w-\.]{3,}@([\w-]{2,}\.)*([\w-]{2,}\.)[\w-]{2,4}/
URL	^(ht|f)tp(s?)\:\/\/[0-9a-zA-Z]([-.\w]*[0-9a-zA-Z])*(:(0-9)*)*(\/?)([a-zA-Z0-9\-\.\?\,\'\/\\\+&%\$#_]*)?$
Contraseña segura	(?!^[0-9]*$)(?!^[a-zA-Z]*$)^([a-zA-Z0-9]{8,10})$ (Entre 8 y 10 caracteres, por lo menos un digito y un alfanumérico, y no puede contener caracteres espaciales)
Fecha	^\d{1,2}\/\d{1,2}\/\d{2,4}$ (Por ejemplo 01/01/2019)
Hora	^(0[1-9]|1\d|2[0-3]):([0-5]\d):([0-5]\d)$ (Por ejemplo 10:45:23)
Número tarjeta de crédito	^((67\d{2})|(4\d{3})|(5[1-5]\d{2})|(6011))(-?\s?\d{4}){3}|(3[4,7])\ d{2}-?\s?\d{6}-?\s?\d{5}$
Número teléfono	^[0-9]{2,3}-? ?[0-9]{6,7}$

PRACTICA LEXICO MORFOLOGICA EN JAVASCRIPT

Dado el siguiente código HTML y JavaScript, se debe copiar y pegar en un bloc de notas.

```
<html>
<head>
<script language="JavaScript " type="text/JavaScript ">
function espalabra(valor, campo)
{
 var palabra = /^([a-z]|[A-Z]|á|é|í|ó|ú|ñ|ü|\s)+$/  //letras o
espacio en blanco
 alert(campo)
 alert(campo)
 if(!palabra.test(valor))
 {
 alert("Contenido del campo "+campo+" debe ser letras o
espacio en blanco")
 return false
 }
 return true
}
function esmayuscula(valor,campo)
{
 var mayuscula =  //solo mayuscula
 alert(campo)
 if(!mayuscula.test(valor))
 {
 alert("Contenido del campo "+campo+" debe ser
mayuscula")
 return false
 }
 return true
}
function esnumero(valor,campo)
```

```javascript
{
 var numero =  //solo digitos
 alert(campo)
 if(!numero.test(valor))
 {
 alert("Contenido del campo "+campo+" debe ser solo
digitos")
 return false
 }
 return true
}
function escorreo(valor, campo)
{

 //comprueba campo de email
 //comprueba si está el @ y demás. Además, se
comprueba cada elemento en su lugar
 var correo = /^([0-9a-zA-Z]([-.\w]*[0-9a-zA-Z])*@([0-9a-zA-
Z][-\w]*[0-9a-zA-Z]\.)+[a-zA-Z]{2,9})$/
 alert(campo)
 if(!correo.test(valor))
 {
 alert("Contenido del campo "+campo+" no válido")
 return false
 }
 return true
}
function esfolio(valor, campo)
{
 var folio = //Primera mayuscula despues 6 digitos, por
ejemplo: A456789
 //comprueba campo numerico (solo enteros y digitos)
 alert(campo)
 if(!folio.test(valor))
 {
```

```
 alert("Contenido del campo "+campo+" no válido debe
ser Primera mayuscula despues 6 digitos")
 return false
 }
 return true
}
function validacion(formulario)
{
var bien=true
bien=espalabra(formulario.nombre.value,"Nombre")
bien=esnumero(formulario.telefono.value,"Telefono")
bien=esmayuscula(formulario.cargo.value,"Cargo")
bien=esfolio(formulario.folio.value,"Folio")
bien=escorreo(formulario.email.value,"Correo
Electronico")
if(!bien)
return true
else
return false
}
</script>
</head>
<body>
<form onsubmit="return validacion(this)"
name="FormValidacion">
<small>Nombre:</small><br><input type="text"
name="nombre" size="14"><br><br>
<small>Teléfono:</small><br><input type="text"
name="telefono" size="14"><br><br>
<small>Cargo:</small><br><input type="text"
name="cargo" size="14"><br><br>
<small>Folio:</small><br><input type="text" name="folio"
size="14"><br><br>
<small>E-mail:</small><br><input type="text"
name="email" size="14"><br><br>
```

```
<input type="submit" value="Validar"
name="boton_envio"> <input type="reset" value="Borrar"
name="boton_borrar"></form>
</body>
</html>
```

ACTIVIDADES

1. Realizar la expresión regular de la variable numero de la function esnumero (máximo 14 dígitos)
2. Realizar la expresión regular de la variable mayuscula de la function esmayuscula (máximo 14 mayúsculas)
3. Realizar la expresión regular de la variable folio de la function esfolio. Primera mayúscula después 6 dígitos por ejemplo: A456789
4. Una vez realizada las tres actividades anteriores guardar con el nombre de: formvalidado.html y de Tipo: Todos los archivos en la carpeta y unidad que usted estime conveniente.

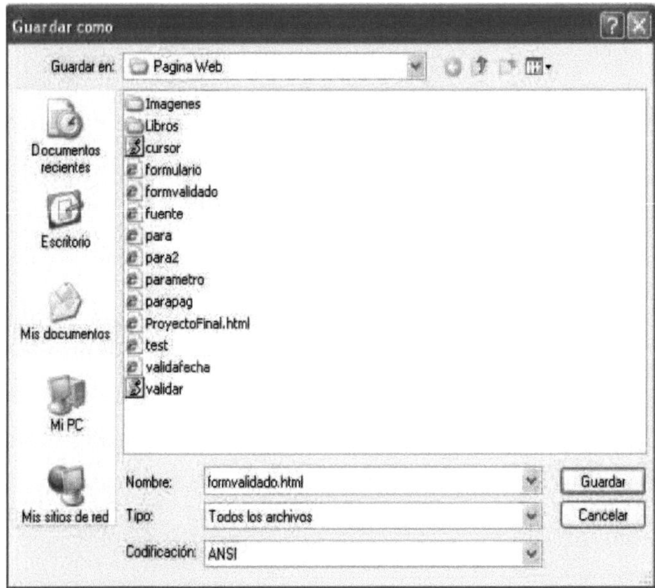

5. Ejecute formvalidado.html con el explorador de Internet

6. Diligencie el formulario

Pulse el Botón Validar

Mensajes de Error

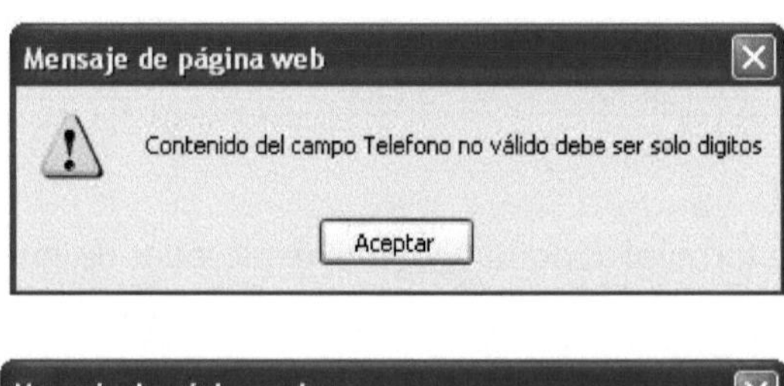

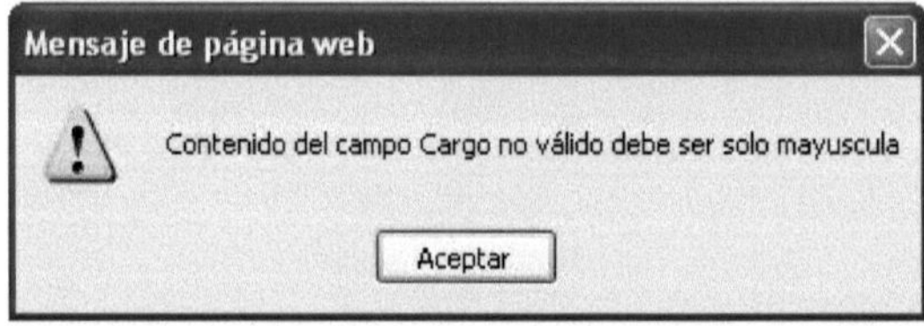

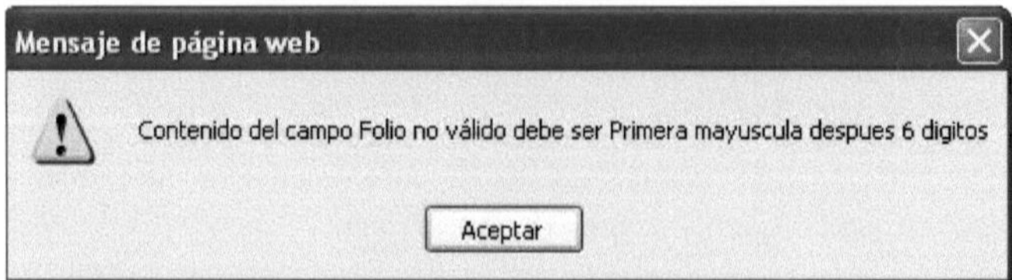

REFERENCIA 4. SERVLET

Que es. Servlet son una serie de aplicaciones programadas en Java que se ejecutan completamente en un servidor (Web Server).

Un servlet va a aceptar una petición de un cliente a través del Web Server, hará su tarea y devolverá al cliente una respuesta.

Las ventajas de los servlet:

* **Persistencia de los servlets**: Los servlets se cargan una sola vez por el Web Server y pueden mantener la conexión entre varias peticiones.
* **Rapidez de los servlets**: puesto que sólo se cargan una vez.
* **Independencia de plataforma.**
* **Extensibilidad de los servlets**. Como están escritos en Java, aportan todos los beneficios de este lenguaje. Java es lenguaje robusto y orientado a objetos, por lo que es fácilmente extensible a nuestras necesidades.
* **Seguridad de los servlets**: La única forma de invocar un servlet es a través de un Web Server. Esto da un alto nivel de seguridad, especialmente si el Web Server está protegido por un muro de contención (firewall). Esto significa que el cliente no puede borrar ni modificar nada del propio servidor. Para ampliar la seguridad, puedo definir usuarios y grupos de usuarios. Por último, decir que se pueden usar características nativas de seguridad, como el encriptamiento de mensajes.
* Los servlets pueden ser usados por cualquier número de clientes.

Metodos. Existen dos metodos:

protected void **doGet**(HttpServletRequest req, HttpServletResponse resp)
throws ServletException, java.io.IOException

protected void **doPost**(<u>HttpServletRequest</u> req,
<u>HttpServletResponse</u> resp)
throws <u>ServletException</u>, java.io.IOException

Habitualmente, implementamos uno de los dos y desde el otro delegamos en el implementado, de forma que pueda responder ambos tipos de peticiones.

Flujo. Se estudia el flujo de un servlet:

En primer lugar, el cliente (Navegador Web) hace una petición para cargar una página HTML. El http Web service (que está dentro del Web Server) recibe la petición reconociendo que se trata de una petición de lectura de una página HTML. Tras esto, invoca el File Servlet para buscar el Archivo de E/S. La página HTML será devuelta al cliente expuesto en el navegador.

Si el navegador Web hace una petición POST de HTML, el http service recibirá de nuevo la petición. Si el POST requiere que se cargue un servlet, la petición será reenviada la invoker servlet, que invocará el servlet deseado. El servlet hará algún tipo de proceso y devolverá datos de vuelta al cliente a través de http.

Esto es lo que se muestra en la siguiente figura:

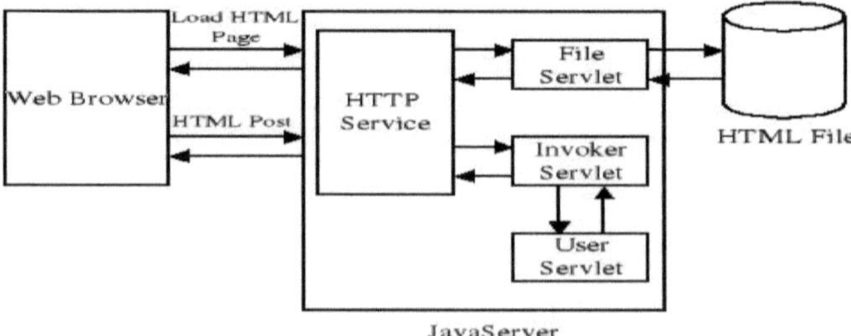

¿Cómo sabe exactamente el http Web service si tiene que invocar un servlet? En el lado del cliente habrá que especificar un URL que llame específicamente al servlet que queremos invocar.

> *http:// localhost:8080/servlet/ nombreServlet*

El nombre del servlet suele ser un alias.

REFERENCIA 5. LIBRERÍA JQUERY/AJAX

La librería jQuery

JQuery es una de código abierto JavaScript que simplifica la tarea de programar en JavaScript y permite agregar interactividad a un sitio web sin tener conocimientos del lenguaje.

1. Funciones y métodos básicos

La función básica de jQuery y una de las más útiles tiene el mismo nombre que en Prototype, ya que se trata de la "función dolar": $(). A diferencia de la función de Prototype, la de jQuery es mucho más que un simple atajo mejorado de la función

```
document.getElementById().
```

La cadena de texto que se pasa como parámetro puede hacer uso de Xpath o de CSS para seleccionar los elementos. Además, separando expresiones con un carácter "," se puede seleccionar un número ilimitado de elementos.

```
// Selecciona todos los enlaces de la página
$('a')
// Selecciona el elemento cuyo id sea "primero"
$('#primero')
// Selecciona todos los h1 con class "titular"
$('h1.titular')
// Selecciona todo lo anterior
$('a, #primero, h1.titular')
```

Las posibilidades de la función $() van mucho más allá de estos ejemplos sencillos, ya que soporta casi todos los selectores definidos por CSS 3 (algo que dispondrán los navegadores dentro de varios años) y también permite utilizar XPath:

```
// Selecciona todos los párrafos de la página que tengan al
menos un enlace
$('p[a]')
// Selecciona todos los radiobutton de los formularios de
la página
$('input:radio')
// Selecciona todos los enlaces que contengan la palabra
"Imprimir"
 $('a:contains("Imprimir")');
 // Selecciona los div que están visibles
$('div:visible')
// Selecciona todos los elementos pares (even) de una
lista
$("ul#menuPrincipal li:even")
// Selecciona todos los elementos impares (odd) de una
lista
$("ul#menuPrincipal li:odd")
// Selecciona los 5 primeros párrafos de la página
$("p:lt(5)")
```

Como se puede comprobar, las posibilidades de la función $() son prácticamente ilimitadas, por lo que la documentación de jQuery sobre los selectores disponibles es la mejor forma de descubrir todas sus posibilidades.

2. Funciones para eventos

Una de las utilidades más interesantes de jQuery está relacionada con el evento onload de la página. Las aplicaciones web más complejas suelen utilizar un código similar al siguiente para iniciar la aplicación:

```
window.onload = function() {
    ...
};
```

Hasta que no se carga la página, el navegador no construye el árbol DOM, lo que significa que no se pueden utilizar funciones que seleccionen elementos de la página, ni se pueden añadir o eliminar elementos. El problema de window.onload es que el navegador espera a que la página se cargue completamente, incluyendo todas las imágenes y archivos externos que se hayan enlazado.

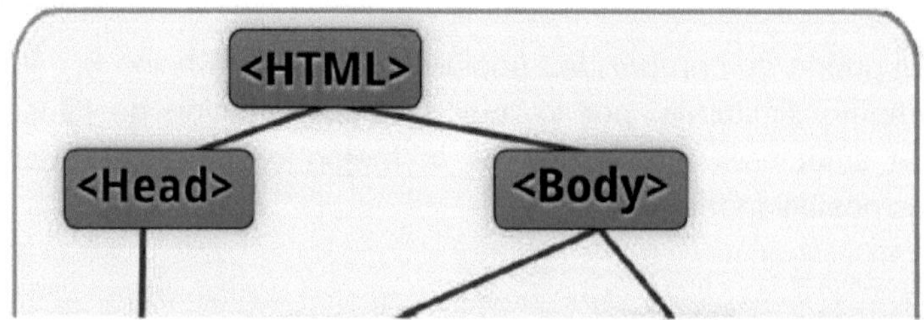

jQuery propone el siguiente código para ejecutar las instrucciones una vez que se ha cargado la página:

```
$(document).ready(function() {
    ...
});
```

La gran ventaja del método propuesto por jQuery es que la aplicación no espera a que se carguen todos los elementos de la página, sino que sólo espera a que se haya descargado el contenido HTML de la página, con lo que el árbol DOM ya está disponible para ser manipulado. De esta forma, las aplicaciones JavaScript desarrolladas con jQuery pueden iniciarse más rápidamente que las aplicaciones JavaScript tradicionales.

En realidad, ready() no es más que una de las muchas funciones que componen el módulo de los eventos.

Todos los eventos comunes de JavaScript (click, mousemove, keypress, etc.) disponen de una función con el mismo nombre que el evento (Anexo1). Si se utiliza la función sin argumentos, se ejecuta el evento:

```
// Ejecuta el evento 'onclick' en todos los párrafos de la
página
$('p').click();
// Ejecuta el evento 'mouseover' sobre un 'div' con id
'menu'
$('div#menu').mouseover();
```

No obstante, el uso más habitual de las funciones de cada evento es el de establecer la función manejadora que se va a ejecutar cuando se produzca el evento:

```
// Establece la función manejadora del evento 'onclick'
(Anexo 2)
// a todos los párrafos de la página
$('p').click(function() {
 alert($(this).text());
});
// Establece la función manejadora del evento 'onblur'
// a los elementos de un formulario
$('#elFormulario :input').blur(function() {
```

```
 valida($(this));
});
```

Entre las utilidades definidas por jQuery para los eventos se encuentra la función toggle(), que permite ejecutar dos funciones de forma alterna cada vez que se pincha sobre un elemento:

```
$("p").toggle(function(){
 alert("Me acabas de activar");
},function(){
 alert("Me acabas de desactivar");
});
```

En el ejemplo anterior, la primera vez que se pincha sobre el elemento (y todas las veces impares), se ejecuta la primera función y la segunda vez que se pincha el elemento (y todas las veces pares) se ejecuta la segunda función.

3. Funciones para efectos visuales

Las aplicaciones web más avanzadas incluyen efectos visuales complejos para construir interacciones similares a las de las aplicaciones de escritorio. jQuery incluye en la propia librería varios de los efectos más comunes:

```
// Oculta todos los enlaces de la página
$('a').hide();
// Muestra todos los 'div' que estaban ocultos
$('div:hidden').show();
// Muestra los 'div' que estaba ocultos y oculta
// los 'div' que eran visibles
$('div').toggle();
```

Todas las funciones relacionadas con los efectos visuales permiten indicar dos parámetros opcionales: el primero es la duración del efecto y el segundo parámetro es la función que se ejecuta al finalizar el efecto visual.

Otros efectos visuales incluidos son los relacionados con el fundido o "fading" (fadeIn() muestra los elementos con un fundido suave, fadeOut() oculta los elementos con un fundido suave y fadeTo()establece la opacidad del elemento en el nivel indicado) y el despliegue de elementos (slideDown()hace aparecer un elemento desplegándolo en sentido descendente, slideUp() hace desaparecer un elemento desplegándolo en sentido ascendente, slideToggle() hace desaparecer el elemento si era visible y lo hace aparecer si no era visible).

4. Funciones para AJAX

Como sucede con Prototype, las funciones y utilidades relacionadas con AJAX son parte fundamental de jQuery. El método principal para realizar peticiones AJAX es $.ajax() (importante no olvidar el punto entre $ y ajax). A partir de esta función básica, se han definido otras funciones relacionadas, de más alto nivel y especializadas en tareas concretas: $.get(), $.post(), $.load(), etc.

La sintaxis de $.ajax() es muy sencilla:

```
$.ajax(opciones);
```

Al contrario de lo que sucede con Prototype, la URL que se solicita también se incluye dentro del array asociativo de opciones. A continuación se muestra el mismo ejemplo básico que se utilizó en Prototype realizado con $.ajax():

```
$.ajax({
url: '/ruta/hasta/pagina.php',
type: 'POST',
async: true,
```

```
data: 'parametro1=valor1&parametro2=valor2',
success: procesaRespuesta,
error: muestraError
});
```

La siguiente tabla muestra todas las opciones que se pueden definir para el método $.ajax():

Opción	Descripción
async	Indica si la petición es asíncrona. Su valor por defecto es true, el habitual para las peticiones AJAX
beforeSend	Permite indicar una función que modifique el objeto XMLHttpRequest antes de realizar la petición. El propio objeto XMLHttpRequest se pasa como único argumento de la función
complete	Permite establecer la función que se ejecuta cuando una petición se ha completado (y después de ejecutar, si se han establecido, las funciones de success o error). La función recibe el objeto XMLHttpRequest como primer parámetro y el resultado de la petición como segundo argumento
contentType	Indica el valor de la cabecera Content-Type utilizada para realizar la petición. Su valor por defecto es application/x-www-form-urlencoded
data	Información que se incluye en la petición. Se utiliza para enviar parámetros al servidor. Si es una cadena de texto, se envía tal cual, por lo que su formato debería ser parametro1=valor1¶metro2=valor2. También se puede indicar un array asociativo de pares clave/valor que se convierten automáticamente en

Opción	Descripción
	una cadena tipo *query string*
dataType	El tipo de dato que se espera como respuesta. Si no se indica ningún valor, jQuery lo deduce a partir de las cabeceras de la respuesta. Los posibles valores son: xml (se devuelve un documento XML correspondiente al valor responseXML), html (devuelve directamente la respuesta del servidor mediante el valor responseText), script (se evalúa la respuesta como si fuera JavaScript y se devuelve el resultado) y json (se evalúa la respuesta como si fuera JSON y se devuelve el objeto JavaScript generado)
error	Indica la función que se ejecuta cuando se produce un error durante la petición. Esta función recibe el objeto XMLHttpRequest como primer parámetro, una cadena de texto indicando el error como segundo parámetro y un objeto con la excepción producida como tercer parámetro
ifModified	Permite considerar como correcta la petición solamente si la respuesta recibida es diferente de la anterior respuesta. Por defecto su valor es false
processData	Indica si se transforman los datos de la opción data para convertirlos en una cadena de texto. Si se indica un valor de false, no se realiza esta transformación automática
success	Permite establecer la función que se ejecuta cuando una petición se ha completado de forma correcta. La función recibe como primer parámetro los datos recibidos del servidor, previamente formateados según se especifique en la opción

Opción	Descripción
	dataType
timeout	Indica el tiempo máximo, en milisegundos, que la petición espera la respuesta del servidor antes de anular la petición
type	El tipo de petición que se realiza. Su valor por defecto es GET, aunque también se puede utilizar el método POST
url	La URL del servidor a la que se realiza la petición

Además de la función $.ajax() genérica, existen varias funciones relacionadas que son versiones simplificadas y especializadas de esa función. Así, las funciones $.get() y $.post() se utilizan para realizar de forma sencilla peticiones GET y POST:

```javascript
// Petición GET simple
$.get('/ruta/hasta/pagina.php');
// Petición GET con envío de parámetros y función que
// procesa la respuesta
$.get('/ruta/hasta/pagina.php',
 { articulo: '34' },
 function(datos) {
 alert('Respuesta = '+datos);
 });
```

Las peticiones POST se realizan exactamente de la misma forma, por lo que sólo hay que cambiar$.get() por $.post().

La sintaxis de estas funciones es:

```javascript
$.get(url, datos, funcionManejadora);
```

El primer parámerto (url) es el único obligatorio e indica la URL solicitada por la petición. Los otros dos parámetros son opcionales, siendo el segundo (datos) los parámetros que se envían junto con la petición y el tercero (funcionManejadora) el nombre o el código JavaScript de la función que se encarga de procesar la respuesta del servidor.

La función $.get() dispone a su vez de una versión especializada denominada $.getIfModified(), que también obtiene una respuesta del servidor mediante una petición GET, pero la respuesta sólo está disponible si es diferente de la última respuesta recibida.

jQuery también dispone de la función $.load(), que es idéntica a la función Ajax.Updater() de Prototype. La función $.load() inserta el contenido de la respuesta del servidor en el elemento de la página que se indica. La forma de indicar ese elemento es lo que diferencia a jQuery de Prototype:

```
<div id="info"></div>
// Con Prototype
new Ajax.Updater('info', '/ruta/hasta/pagina.php');
 // Con jQuery
$('#info').load('/ruta/hasta/pagina.php');
```

Al igual que sucedía con la función $.get(), la función $.load() también dispone de una versión específica denominada $.loadIfModified() que carga la respuesta del servidor en el elemento sólo si esa respuesta es diferente a la última recibida.

Por último, jQuery también dispone de las funciones $.getJSON() y $.getScript() que cargan y evalúan/ejecutan respectivamente una respuesta de tipo JSON y una respuesta con código JavaScript .

5. Funciones para CSS

jQuery dispone de varias funciones para la manipulación de las propiedades CSS de los elementos. Todas las funciones se emplean junto con una selección de elementos realizada con la función $(). Si la función obtiene el valor de las propiedades CSS, sólo se obtiene el valor de la propiedad CSS del primer elemento de la selección realizada. Sin embargo, si la función establece el valor de las propiedades CSS, se establecen para todos los elementos seleccionados.

```
// Obtiene el valor de una propiedad CSS
// En este caso, solo para el primer 'div' de la página
$('div').css('background');
// Establece el valor de una propiedad CSS
// En este caso, para todos los 'div' de la página
$('div').css('color', '#000000');
// Establece varias propiedades CSS
// En este caso, para todos los 'div' de la página
$('div').css({ padding: '3px', color: '#CC0000' });
```

Además de las funciones anteriores, CSS dispone de funciones específicas para obtener/establecer la altura y anchura de los elementos de la página:

```
// Obtiene la altura en píxel del primer 'div' de la página
$('div').height();
// Establece la altura en píxel de todos los 'div' de la
página
$('div').height('150px');
// Obtiene la anchura en píxel del primer 'div' de la página
$('div').width();
// Establece la anchura en píxel de todos los 'div' de la
página
$('div').width('300px');
```

6. Funciones para nodos DOM

La función $() permite seleccionar elementos (nodos DOM) de la página de forma muy sencilla. jQuery permite, además, seleccionar nodos relacionados con la selección realizada. Para seleccionar nodos relacionados, se utilizan funciones de filtrado y funciones de búsqueda.

Los filtros son funciones que modifican una selección realizada con la función $() y permiten limitar el número de nodos devueltos.

La función contains() limita los elementos seleccionados a aquellos que contengan en su interior el texto indicado como parámetro:

```
// Sólo obtiene los párrafos que contengan la palabra 'importante'
$('p').contains('importante');

La función not() elimina de la selección de elementos aquellos que cumplan con el selector indicado:

// Selecciona todos los enlaces de la página, salvo el que
// tiene una 'class' igual a 'especial'
$('a').not('.especial');
// La siguiente instrucción es equivalente a la anterior
$('a').not($('.especial'));
```

La función filter() es la inversa de not(), ya que elimina de la selección de elementos aquellos que no cumplan con la expresión indicada. Además de una expresión, también se puede indicar una función para filtrar la selección:

```
// Selecciona todas las listas de elementos de la página y quedate
// sólo con las que tengan una 'class' igual a 'menu'
$('ul').filter('.menu');
```

Una función especial relacionada con los filtros y buscadores es end(), que permite volver a la selección original de elementos después de realizar un filtrado de elementos. La documentación de

```
jQuery incluye el siguiente ejemplo:
$('a')
 .filter('.pinchame')
 .click(function(){
 alert('Estás abandonando este sitio web');
 })
 .end()
 .filter('ocultame')
 .click(function(){
 $(this).hide();
 return false;
 })
 .end();
```

El código anterior obtiene todos los enlaces de la página $('a') y aplica diferentes funciones manejadoras del evento click en función del tipo de enlace. Aunque se podrían incluir dos instrucciones diferentes para realizar cada filtrado, la función end() permite encadenar varias selecciones.

El primer filtrado ($('a').filter('.pinchame'))) selecciona todos los elementos de la página cuyo atributo class sea igual a pinchame. Después, se asigna la función manejadora para el evento de pinchar con el ratón mediante la función click().

A continuación, el código anterior realiza otro filtrado a partir de la selección original de enlaces. Para volver a la selección original, se utiliza la función end() antes de realizar un nuevo filtrado. De esta forma, la instrucción .end().filter('ocultame') es equivalente a realizar el filtrado directamente sobre la selección original

$('a').filter('.ocultame')).

El segundo grupo de funciones para la manipulación de nodos DOM está formado por los buscadores, funciones que buscan / seleccionan nodos relacionados con la selección realizada.

De esta forma, jQuery define la función children() para obtener todos los nodos hijo o descendientes del nodo actual, parent() para obtener el nodo padre o nodo ascendente del nodo actual (parents() obtiene todos los ascendentes del nodo hasta la raíz del árbol) y siblings() que obtiene todos los nodos hermano del nodo actual, es decir, todos los nodos que tienen el mismo nodo padre que el nodo actual.

La navegación entre nodos hermano se puede realizar con las funciones next() y pev() que avanzan o retroceden a través de la lista de nodos hermano del nodo actual.

Por último, jQuery también dispone de funciones para manipular fácilmente el contenido de los nodos DOM. Las funciones append() y prepend() añaden el contenido indicado como parámetro al principio o al final respectivamente del contenido original del nodo.

Las funciones after() y before() añaden el contenido indicado como parámetro antes de cada uno de los elementos seleccionados. La función wrap() permite "envolver" un elemento con el contenido indicado (se añade parte del contenido por delante y el resto por detrás).

La función empty() vacía de contenido a un elemento, remove() elimina los elementos seleccionados del árbol DOM y clone() copia de forma exacta los nodos seleccionados.

7. Otras funciones útiles

jQuery detecta automáticamente el tipo de navegador en el que se está ejecutando y permite acceder a esta información a través del objeto $.browser:

```
$.browser.msie; // 'true' para navegadores de la familia
Internet Explorer
$.browser.mozilla; // 'true' para navegadores de la familia
Firefox
$.browser.opera; // 'true' para navegadores de la familia
Opera
$.browser.safari; // 'true' para navegadores de la familia
Safari
```

Recorrer arrays y objetos también es muy sencillo con jQuery, gracias a la función $.each(). El primer parámetro de la función es el objeto que se quiere recorrer y el segundo parámetro es el código de la función que lo recorre (a su vez, a esta función se le pasa como primer parámetro el índice del elemento y como segundo parámetro el valor del elemento):

```
// Recorrer arrays
var vocales = ['a', 'e', 'i', 'o', 'u'];

$.each( vocales, function(i, n){
 alert('Vocal número ' + i + " = " + n);
});

// Recorrer objetos
var producto = { id: '12DW2', precio: 12.34, cantidad: 5 };

$.each( producto, function(i, n){
 alert(i + ' : ' + n);
});
```

8. Rehaciendo ejemplos con jQuery

Como sucedía con Prototype, cuando se rehace una aplicación JavaScript con jQuery, el resultado es un código muy conciso pero que mantiene su facilidad de lectura y comprensión.

Por ejemplo, el ejercicio que mostraba y ocultaba diferentes secciones de contenidos se realizó con JavaScript de la siguiente manera:

```
function muestraOculta() {
// Obtener el ID del elemento
var id = this.id;
id = id.split('_');
id = id[1];
 var elemento =
document.getElementById('contenidos_'+id);
 var enlace = document.getElementById('enlace_'+id);
 if(elemento.style.display == "" || elemento.style.display
== "block") {
 elemento.style.display = "none";
 enlace.innerHTML = 'Mostrar contenidos';
 }
 else {
 elemento.style.display = "block";
 enlace.innerHTML = 'Ocultar contenidos';
 }
}
window.onload = function() {
 document.getElementById('enlace_1').onclick =
muestraOculta;
 document.getElementById('enlace_2').onclick =
muestraOculta;
 document.getElementById('enlace_3').onclick =
muestraOculta;
 }
```

Con Prototype, su código se redujo a las siguientes instrucciones:

```javascript
function muestraOculta() {
 var id = (this.id).split('_')[1];

 $('contenidos_'+id).toggle();
 $('enlace_'+id).innerHTML =
(!$('contenidos_'+id).visible()) ? 'Ocultar contenidos' :
'Mostrar contenidos';
}

window.onload = function() {
 $R(1, 3).each(function(n) {
 Event.observe('enlace_'+n, 'click', muestraOculta);
 });
}
```

Con jQuery, el mismo código se puede escribir de la siguiente forma:

```javascript
$(document).ready(function(){
 $.each([1, 2, 3], function(i, n){
 $('#enlace_'+n).toggle(
 function() { $('#contenidos_'+n).toggle();
$(this).html('Mostrar contenidos'); },
 function() { $('#contenidos_'+n).toggle();
$(this).html('Ocultar contenidos'); }
 );
 })
});
```

El código anterior utiliza la función toggle() como evento que permite alternar la ejecución de dos funciones y como función que oculta un elemento visible y muestra un elemento oculto.

Otro de los ejercicios anteriores realizaba peticiones AJAX al servidor para comprobar si un determinado nombre de usuario estaba libre. El código original de JavaScript era:

```javascript
var READY_STATE_COMPLETE=4;
var peticion_http = null;
function inicializa_xhr() {
 if(window.XMLHttpRequest) {
 return new XMLHttpRequest();
 }
 else if(window.ActiveXObject) {
 return new ActiveXObject("Microsoft.XMLHTTP");
 }
}
function comprobar() {
 var login = document.getElementById("login").value;
 peticion_http = inicializa_xhr();
 if(peticion_http) {
 peticion_http.onreadystatechange = procesaRespuesta;
 peticion_http.open("POST",
"http://localhost/compruebaDisponibilidad.php", true);

 peticion_http.setRequestHeader("Content-Type",
"application/x-www-form-urlencoded");

peticion_http.send("login="+login+"&nocache="+Math.ran
dom());
 }
}

function procesaRespuesta() {
 if(peticion_http.readyState ==
READY_STATE_COMPLETE) {
 if(peticion_http.status == 200) {
 var login = document.getElementById("login").value;
 if(peticion_http.responseText == "si") {
```

```
document.getElementById("disponibilidad").innerHTML =
"El nombre elegido ["+login+"] está disponible";
}
else {
document.getElementById("disponibilidad").innerHTML =
"NO está disponible el nombre elegido ["+login+"]";
}
}
}
}
window.onload = function() {
document.getElementById("comprobar").onclick =
comprobar;
}
```

Con Prototype se puede conseguir el mismo comportamiento con tres veces menos de líneas de código:

```
function comprobar() {
var login = $F('login');
var url =
'http://localhost/compruebaDisponibilidad.php?nocache='
+ Math.random();
var peticion = new Ajax.Request(url, {
method:'post',
postBody:'login='+login,
onSuccess: function(respuesta) {
$('disponibilidad').innerHTML = (respuesta.responseText
== 'si') ?
'El nombre elegido ['+login+'] está disponible' : 'NO está
disponible el nombre elegido ['+login+']';
},
onFailure: function() { alert('Se ha producido un error'); }
});
}
```

```javascript
window.onload = function() {
 Event.observe('comprobar', 'click', comprobar);
}
```

jQuery también permite simplificar notablemente el código de la aplicación original:

```javascript
function comprobar() {
 var login = $('#login').value;
 var peticion = $.ajax({
 url:
'http://localhost/compruebaDisponibilidad.php?nocache='
+ Math.random(),
 type: 'POST',
 data: { login: login },
 success: function(respuesta) {
 $('#disponibilidad').html((respuesta.responseText == 'si')
?
 'El nombre elegido ['+login+'] está disponible' :
 'NO está disponible el nombre elegido ['+login+']');
 },
 error: function() { alert('Se ha producido un error'); }
 });
}
 $(document).ready(function(){
 $('#comprobar').click(comprobar);
});
```

REFERENCIA 6. DEFINICIÓN DE AJAX

Tomado de: http://librosweb.es/libro/ajax/capitulo_1.html

AJAX es el acrónimo de *Asynchronous JavaScript and XML*, es decir: **JavaScript y XML Asincrono**. Este acrónimo fue utilizado por primera vez por **Jesse James Garret** en 2005, en su publicación Ajax: a New Approach to Web Applications si bien los componentes en que se basan y los recursos técnicos de que hace uso ya existían desde muchos años antes.

En realidad, el término AJAX es un acrónimo de *Asynchronous JavaScript + XML*, que se puede traducir como "JavaScript asíncrono + XML".

El artículo define AJAX de la siguiente forma:

Ajax no es una tecnología en sí mismo. En realidad, se trata de varias tecnologías independientes que se unen de formas nuevas y sorprendentes AJAX es el resultado de la unificación de varias especificaciones y tecnologías que se han definido a partir de los estándares que el consorcio W3C ha planteado para el diseño web; estas integran elementos como lenguajes que permiten crear las páginas web, por ejemplo HTML y XHTML, el conjunto de reglas de estilo que permite mejorar y separar la apariencia de estas páginas de su contenido usando hojas de estilo CSS, lenguajes que facilitan la incorporación de metadatos como XML y XSLT, elementos que permiten hacer la transferencia asíncrona de datos entre el cliente y el servidor por medio del objeto XMLHttpRequest y el uso de los scripts que agregan la funcionalidad requerida para ejecutar las peticiones por medio de JavaScript .

Las tecnologías que forman AJAX son:

- XHTML y CSS, para crear una presentación basada en estándares.
- DOM, para la interacción y manipulación dinámica de la presentación.
- XML, XSLT y JSON, para el intercambio y la manipulación de información.
- XMLHttpRequest, para el intercambio asíncrono de información.
- JavaScript, para unir todas las demás tecnologías.

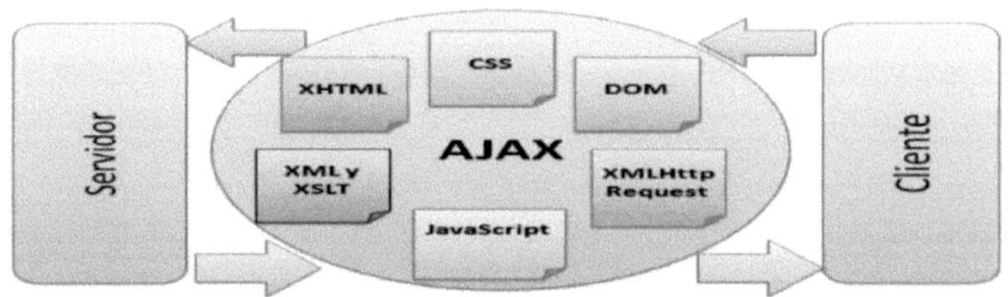

Figura 1. Tecnologías agrupadas bajo el concepto de AJAX

Desarrollar aplicaciones AJAX requiere un conocimiento avanzado de todas y cada una de las tecnologías anteriores.

Normalmente, AJAX se define como una técnica para el desarrollo de páginas (sitios) web que implementan aplicaciones interactivas. No obstante, analicemos un poco cada una de las palabras que la forman:

XHTML eXtensible Hyper Text Markup Language (lenguaje extensible de marcado de hipertexto): es un lenguaje de etiquetas que sirve para crear páginas web, aunque mejora la estructura que se ha definido en el lenguaje HTML.

Como ya se conoce, todas las páginas están hechas en lenguaje **HTML (HyperTextMarkup Language)**, pero dado el desarrollo del diseño web y la necesidad de cubrir nuevos requerimientos de los usuarios, las entidades que definen las pautas en esta área,como el consorcio W3C, pretenden crear páginas con significado, es decir que las páginas no solo sean un conjunto de elementos,como texto, imágenes y vínculos, sino que estén asociadas a un significado y además permitan separar claramente las características que definen la apariencia y la información que se va a presentar. Por lo cual se desarrolló el estándar XHTML, que es una adaptación de HTML agregando las capacidades del lenguaje XML, el cual permite que las páginas contengan elementos con una estructura bien definida y se puedan configurar para ser presentarlas desde cualquier dispositivo o navegador haciéndolas más flexibles.

CSS Cascading Style Sheets (hojas de estilo en cascada): este estándar, también definido por el W3C, está muy relacionado con los lenguajes HTML y XHTML, ya que se encarga de definir el estilo o apariencia de la página web; permite manipular los formatos de los elementos teniendo en cuenta características como color, posición y fuentes y mejora la presentación de la información que contiene la página de acuerdo con el tipo de dispositivo donde se va a visualizar, por lo cual es fácil acceder a las páginas desde un teléfono celular, una tableta o un computador personal sin que la presentación se altere.

Las hojas de estilo facilitan el mantenimiento de las páginas web ya que se definen de forma independiente y separada de la estructura de estas y se convierten en en una buena práctica para el desarrollo web.

DOM Document Object Model (Modelo de Objetos del Documento): el W3C: "define la estructura lógica de los documentos y el modo en que se accede y manipula"; es un API (Interfaz de Programación de Aplicaciones) que permite a los desarrolladores web realizar operaciones sobre una página también llamada documento, para agregar, modificar o eliminar cualquier objeto o contenido que contenga esta. Por lo general la estructura de los objetos dentro de la página está definida por una jerarquía de objetos que tienen relacionadas características y funciones que hacen más fácil su uso desde cualquier lenguaje de programación.

XML y XSLT XML Stylesheets Language for Transformation (Lenguaje de Estilo Extensible): es una especificación del W3C que permite definir una plantilla para transformar documentos XML en otro tipo de documentos, como páginas Web en HTML y XHTML. Con este lenguaje se pueden crear plantillas que contienen un conjunto de reglas de transformación aplicadas al documento XML, que también se llaman reglas de estilo XSLT; estas luego son analizadas por un procesador de XSLT, el cual hace la transformación para generar el archivo correspondiente para visualizarlo en un dispositivo específico. Este tipo de transformaciones favorece separar el contenido de la presentación.

XML HttpRequest (Extensible Markup Language/Hypertext Transfer Protocol): es un objeto que permite hacer peticiones al servidor de forma asíncrona y sin tener que actualizar las páginas en las que se hacen dichas peticiones. Este objeto está definido en todos los navegadores para realizar las acciones de transferencia de datos.

JavaScript: es un lenguaje basado en script desarrollado por Netscape y Sun Microsystems, que permite agregar funcionalidad y hacer más dinámicas las páginas web. Los scripts se pueden insertar en el código HTML y este es interpretado por cualquier navegador, por lo cual se dice que JavaScript se implementa y ejecuta del lado del cliente, pero también se puede usar del lado del servidor como Server-side JavaScript o SSJS. Aunque su nombre hace que se relacione con el lenguaje de programación Java, no son lo mismo, su sintaxis es similar al lenguaje C y permite definir prototipos de objetos sin necesidad de definir tipos de datos

¿Para qué sirve AJAX?

En esencia, **AJAX permite que una página web que ya ha sido cargada solicite nueva información al servidor**. Dicho así, no supondría en realidad ningún invento novedoso. Una página web que contiene un enlace permite que se solicite al servidor nueva información cada vez que se pincha dicho enlace. Una página web que contiene un formulario envía información al servidor y recibe de él nueva información, normalmente la respuesta ante los datos que se han enviado. En ambos casos hay una conexión entre el cliente y el servidor.

¿Cuál es la diferencia cuando usamos AJAX? La diferencia es que **con AJAX no es necesario recargar toda la página web**, como ocurre cuando pinchamos en un enlace o cuando pulsamos el botón *submit* de un formulario. Con AJAX es posible realizar una conexión a un servidor desde dentro de una página web usando un programa JavaScript. Dicho servidor enviará una respuesta; esta respuesta se almacenará en una variable del programa JavaScript y, una vez almacenada en la variable, podremos hacer con ella lo que deseemos.

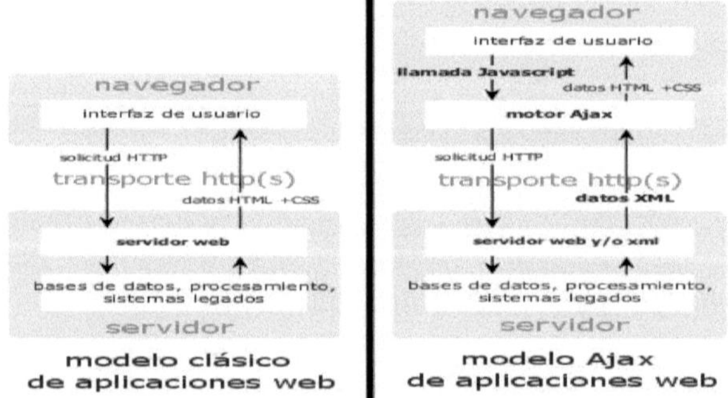

Figura 2. Compración de Modelos de Aplicación Web clásico y basado en Ajax (imagen original de Adaptive Path)

Por ejemplo, podemos pedirle al servidor que nos indique qué hora tiene y mostrar dicha hora en el cliente, en una capa dedicada sólo para visualizar este dato. De esta forma, el usuario podría ver la hora correcta que hay en el servidor (posiblemente sincronizada por NTP) y esta sería la misma para todos los usuarios conectados a dicho servidor, sin tener en cuenta la hora que tengan en su ordenador (posiblemente errónea o susceptible de ser modificada por el usuario). Si actualizamos la hora cada minuto, sin usar AJAX, tendremos que recargar toda la página cada 60 segundos. Sin embargo, con AJAX, simplemente actualizaremos la capa que hemos dedicado a imprimir la hora sin necesidad de alterar el resto de la página.

Funcionamiento del AJAX

El objetivo principal de AJAX es que el usuario pueda disponer del contenido de una página sin que los tiempos de respuesta hagan que la página esté inactiva por mucho tiempo. En la figura 3 se puede observar la línea de tiempo que muestra los tiempos de uso, procesamiento y respuesta que se generan cuando el usuario realiza una solicitud desde el navegador hacia el servidor, los cuales varían cuando las aplicaciones web implementan, o no, AJAX.

Figura 3. Lineas de Tiempo AJAX

En el caso en que el usuario accede a una aplicación que no utiliza AJAX, esta es enviada desde el servidor al navegador donde el usuario puede visualizar y manipular los elementos de la o las paginas (tiempo de uso de la página en el navegador), y cuando el usuario activa una acción que requiera ser ejecutada por el servidor, este deberá actualizar la página nuevamente hasta que se genera la nueva respuesta (tiempo de procesamiento del servidor).

Este proceso incluye el momento en el que se envía la solicitud hasta que la página completa es visualizada nuevamente en el navegador y depende del tipo de operación que deba resolver el servidor, lo que genera un tiempo de inactividad en el navegador en el cual el usuario no recibe ninguna información y se mantiene una página en blanco (tiempo inactivo en el navegador); es en este tiempo cuando se presentan las demoras que disminuyen la eficiencia de este tipo de aplicaciones.

Por otra parte, cuando se implementan aplicaciones con AJAX, este proceso tiene algunas variaciones. Inicialmente el servidor también envía la página completa y el usuario puede actuar sobre esta, de la misma manera que en el caso anterior, pero cuando el usuario activa una o varias acciones, estas se realizan con peticiones asíncronas al servidor generando un proceso que se puede decir que se ejecuta en paralelo, es decir, mientras el servidor se encarga de procesar la parte de la página que requiere ser actualizada, en el navegador se mantiene el resto de la página para que el usuario pueda seguir usando la aplicación.

Cuando se obtiene la respuesta del servidor se podrá actualizar la sección de la página que mostrará los resultados; este proceso es implementado en JavaScript, el cual permite activar un manejador de eventos que verifica cuándo se ha generado dicha respuesta para realizar la actualización. Este proceso hace que el tiempo de procesamiento en el servidor no interfiera con el tiempo de uso de la página en el navegador, por lo cual hace más rápidos los tiempos de respuesta.

Curso Completo de AJAX:
http://librosweb.es/libro/ajax/capitulo_1.html

REFERENCIA 7. DESARROLLO DE PRACTICA EN NETBEANS 8.** DE AJAX, JQUERY, SERVLET, CSS

Ejecución de Netbeans

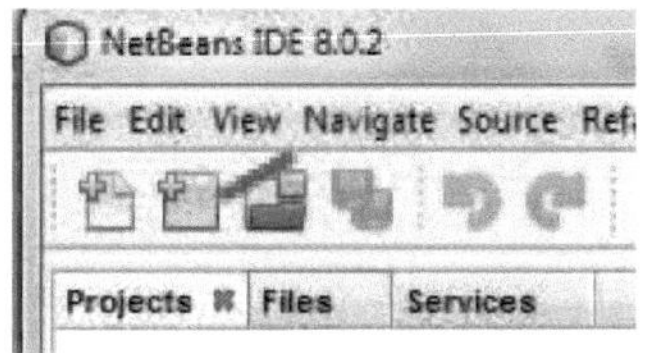

Java Web>>Web Application>>Botón Next >

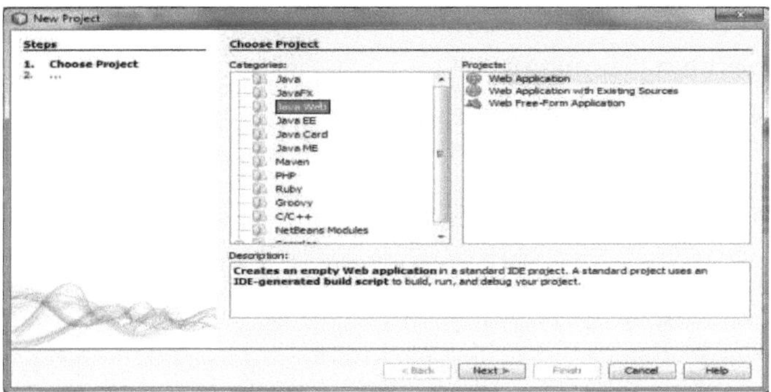

Nombre de Proyecto: VisitaAjax

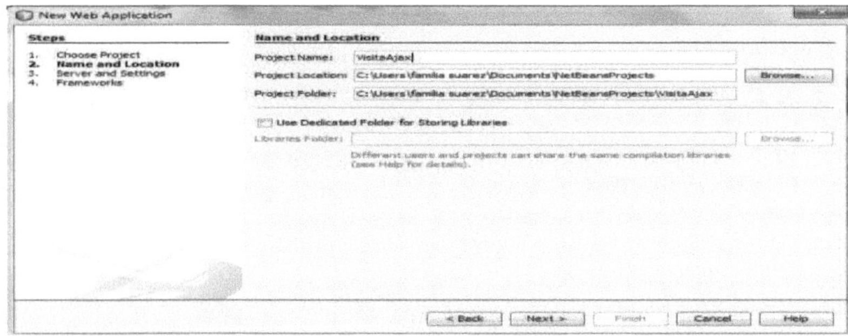

Deschequear   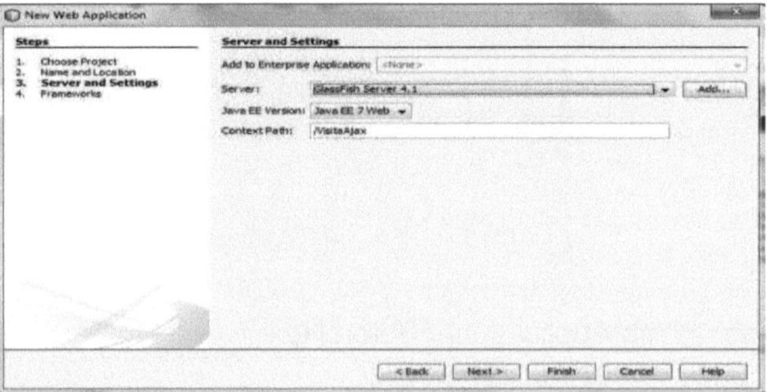

Botón Next >

Botón Finish (Terminar)

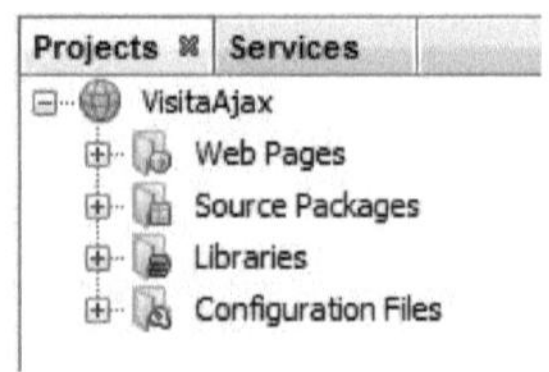

Proyecto Generado

MODIFICAR ARCHIVO index.html

Antes de modificar el archivo index.html, se debe conocer y reconocer que Google ofrece múltiples versiones de los frameworks y scripts más populares, y por lo general son **muy rápidos** para actualizarlos. Además de sus grandes beneficios, como ahorrar ancho de banda y disponibilidad en base a tu posición geográfica, tienes la opción de cargar la última versión sin ningún esfuerzo.

Para esto, solo se necesita agregar la siguiente línea de código en tu HTML, de preferencia antes de cerrar el </head> antes de todos tus scripts, por ejemplo:

```
<script src =
"http://ajax.googleapis.com/ajax/libs/jquery/1/jquery.min.j
s"></script>
```

Para obtenerlo, abra el navegador de internet y haciendo uso de un buscador (en este caso Google) escriba **cdn jquery Hosted Library**

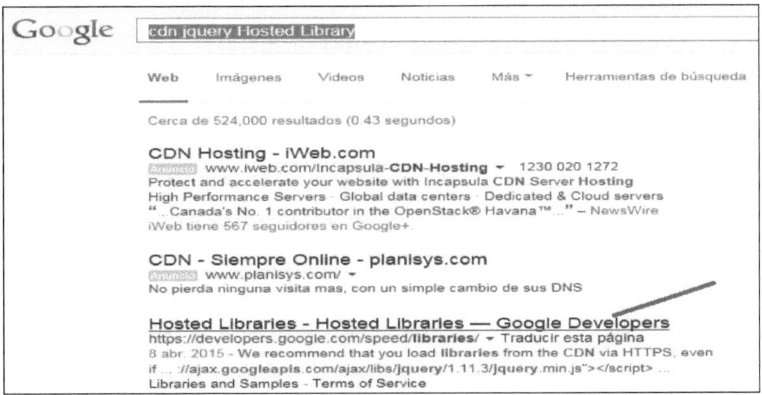

Se debe seleccionar y copiar en el portapapeles

jQuery

1.x snippet:

```
<script src="https://ajax.googleapis.com/ajax/libs/jquery/1.11.3/jquery.min.js"></script>
```

2.x snippet:

```
<script src="https://ajax.googleapis.com/ajax/libs/jquery/2.1.4/jquery.min.js"></script>
```

site:

jquery.com

Y se debe pegar antes de </head>

Seleccione index.html. Se reemplace el contenido con el siguiente código html:

```html
<html>
 <head>
  <meta http-equiv="Content-Type" content="text/html; charset=UTF-8"/>
  <TITLE> CLIENTES </TITLE>
  <link rel="stylesheet" type="text/css" href="estilos.css" title="style" />
  <script src="https://ajax.googleapis.com/ajax/libs/jquery/2.1.4/jquery.min.js"></script>
  <script>
  $(document).ready(function() {
  $.ajax({
   url: 'http://localhost:8080/VisitaAjax/Visita',
   type: 'POST',
   async: true,
   datatype : "html",
   contentType:"application/x-www-form-urlencoded; charset=UTF-8",
   data : {
   "cedula" : "0"
   },
   success: function(responseText) {
   jQuery('#vistaConsulta').html(responseText);
   }
```

```javascript
      });
    $('#submit').click(function() {
     $.ajax({
      url: 'http://localhost:8080/VisitaAjax/Visita',
      type: 'POST',
      async: true,
      datatype : "html",
      contentType:"application/x-www-form-urlencoded;
charset=UTF-8",
      data : {
      "cedula" : $('#cedula').val()
      },
      success: function(responseText) {
       jQuery('#vistaConsulta').html(responseText);
      }
     });
    });
   });
   </script>
  </head>
  <body>
   <center>
   <div id="encabezado">
   <h1> EMPRESA LOS LAURELES</h1>
   <h3> BOGOTA D.C </h3>
   <h5> Nit 133-1223433-3</h5>
   </div>
   <br>
   </center>
   <div id="contenido">
   <form>
   <table>
   <tr>
   <th><label for="busqueda">Ingrese Cedula</label></th>
   <td><input name="cedula" type="text" id="cedula"></td>
   </tr>
```

```
<tr>
<th><label for="boton">Busqueda</label></th>
<td><input type="button" id="submit" value="Pulse
Aqui"/></td>
</tr>
</table>
<br>
</form>
</div>
<div id="vistaConsulta">
</div>
</body>
</html>
```

```
<html>
    <head>
        <meta http-equiv="Content-Type" content="text/html; charset=UTF-8"/>
        <TITLE> CLIENTES </TITLE>
        <link rel="stylesheet" type="text/css" href="estilos.css" title="style" />
        <script src="https://ajax.googleapis.com/ajax/libs/jquery/2.1.4/jquery.min.js"></script>
        <script>
        $(document).ready(function() {
          $.ajax({
            url: 'http://localhost:8080/VisitaAjax/Visita',
            type: 'POST',
            async: true,
            datatype : "html",
            contentType:"application/x-www-form-urlencoded; charset=UTF-8",
            data : {
            "cedula" : "0"
                },
            success: function(responseText) {
                jQuery('#vistaConsulta').html(responseText);
                }
            });
          $('#submit').click(function() {
```

ADICION DE LA HOJA DE ESTILO

Adicionar Hoja de Estilo en Cascada (CSS).

Web Pages>>new>>Other>>Web>>Cascading Style Sheet

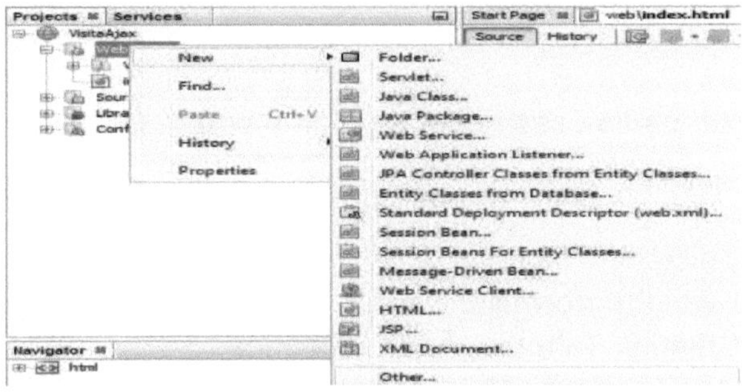

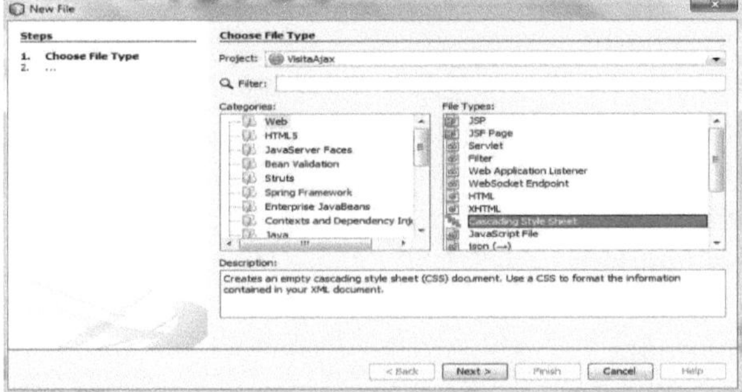

Botón Next>

Nombre de Archivo: estilos. Pulse el Botón Finish

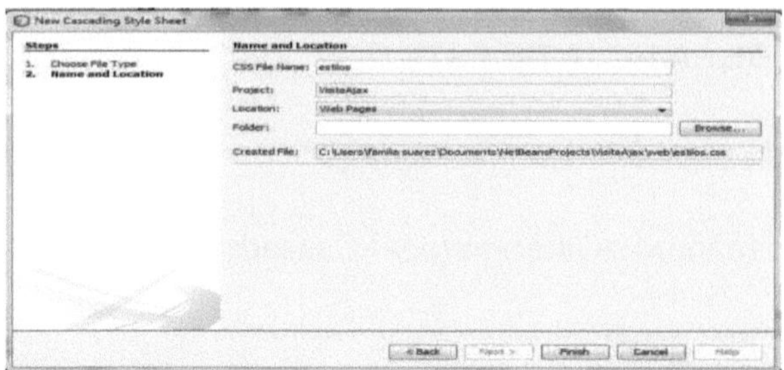

Reemplazar estilos.css por el siguiente código:

```css
body {
font-size: 0.875em;
font-weight: normal;
font-family: Tahoma, Arial, Helvetica,
Verdana, sans-serif;
background: #edeae8;
color: inherit;
}
#encabezado, #contenido{
float: left;
width: 100%;
text-align: left;
}
#contenido{
float: left;
margin: 0 0 0 2em;
}
#vistaConsulta{
float: left;
width: 100%;
padding: 2em 0 0 0;
margin: 0 0 0 2em;
text-align: left; }
h1, h2 {
font-weight: normal;
```

```css
margin: 1em 0 2em 0;
line-height: 100%;
font-family: 'Oxygen', sans-serif; }
#vistaConsulta table {
margin: 0 0 1em 2em;
border:1px solid #0000ff;
width:80%;
}
th { font-weight: bold; }
th, td {
border: 1px solid #181e23;
font-size: 1em;
padding: 0.5em;
}
label, button, input {
font-size: 1.125em;
margin: 0 0.5em 0 0;
width:6em;
}
table tr td
{ background: #F0EFE2;
 color: #47433F;
 border-top: 1px solid #FFF;
}
```

Start Page web\index.html web\estilos.css
Source History
1   body {
2   font-size: 0.875em;
3   font-weight: normal;
4   font-family: Tahoma, Arial, Helvetica,
5   Verdana, sans-serif;
6   background: #edeae8;
7   color: inherit;
8   }
9   #encabezado, #contenido{
10   float: left;
11   width: 100%;
12   text-align: left;
13   }
14   #contenido{
15   float: left;
16   margin: 0 0 0 2em;

ADICION DE ARCHIVO DE DATOS

Web Pages>>new>>Other>>Other>>Empty File (Archivo vacio)

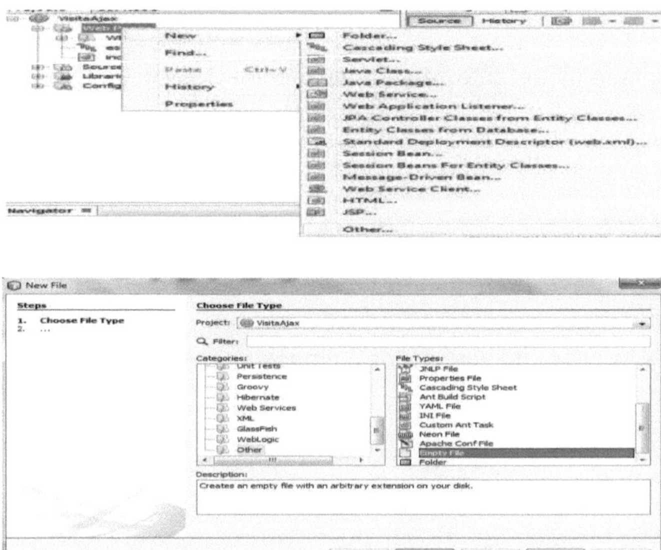

Pulsar Botón Next>

Nombre del Archivo: Visita.txt. Botón Finish

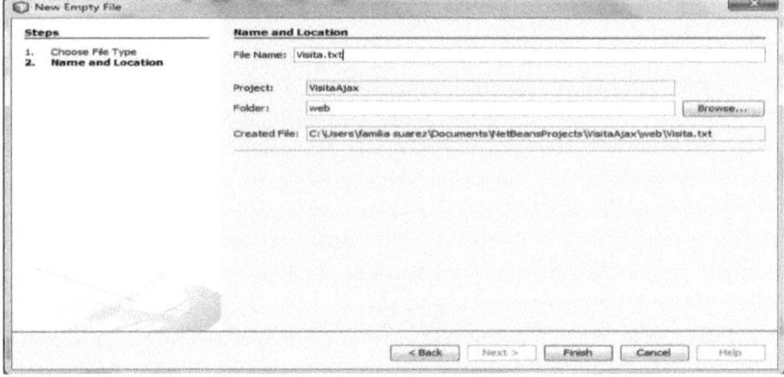

Visita.txt posee la siguiente información:

1234567, Pedro Gomez,123, Bogota,12/12/2010;55667745,
Carolina Cruz, 456, Cali, 01/01/2002;1212, James Rodriguez,123,
Madrid,01/20/1990;2323, Falcao Garcia,1123, Chelsea,01/20/1980;

Que representa los datos de una estructura Cliente:

String cedula;
String nombre;
String zona;
String ciudad;
String fecha;

En este archivo de datos; los campos se separan con (,) y los
registros (;).

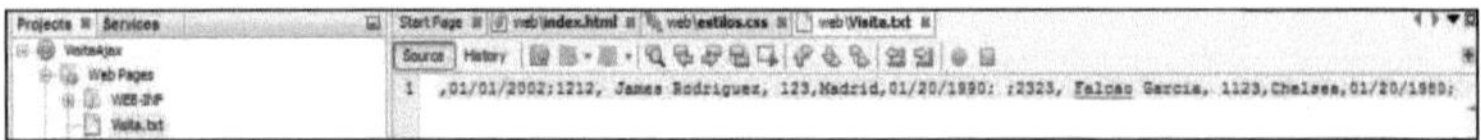

CREACION DE UN PAQUETE

Sobre Source Packages>>New>>Java Package

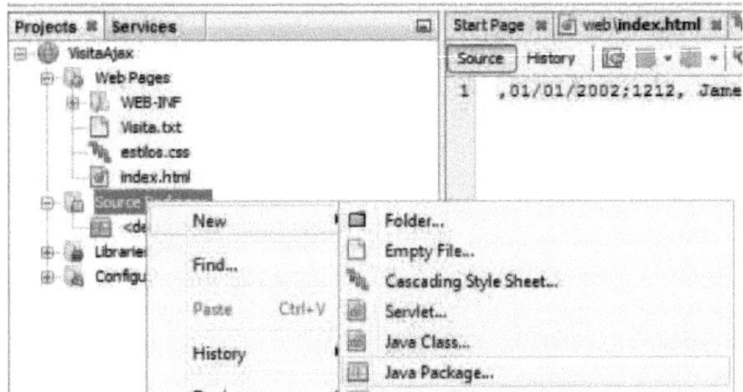

Nombre de Paquete: Visitas. Pulsar Boton Finish

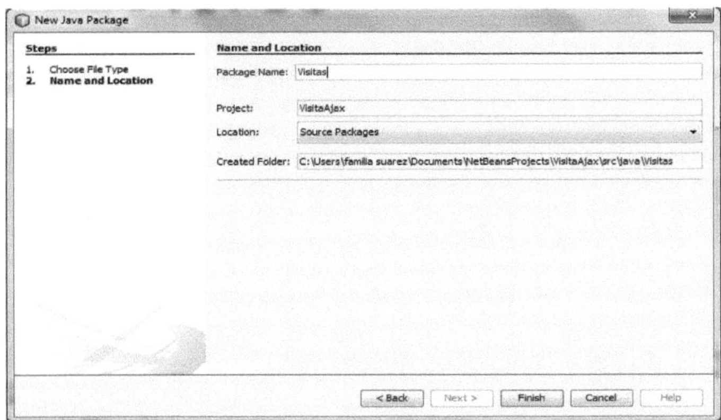

CREACION DE CLASE Cliente

Sobre el paquete Visitas>>Mouse Derecho>>New>>Java Class

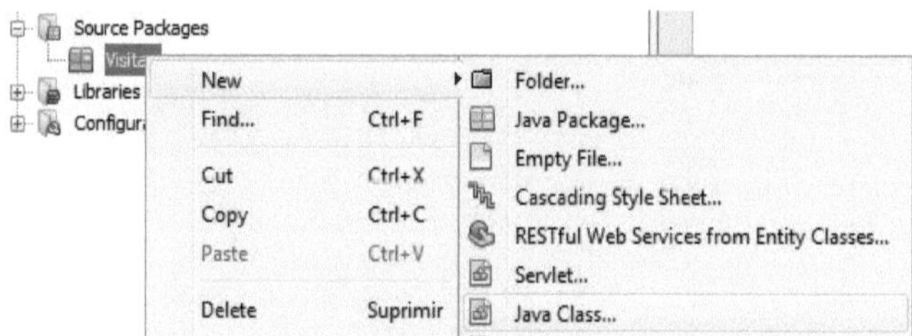

Nombre de Clase: Cliente. Boton Finish

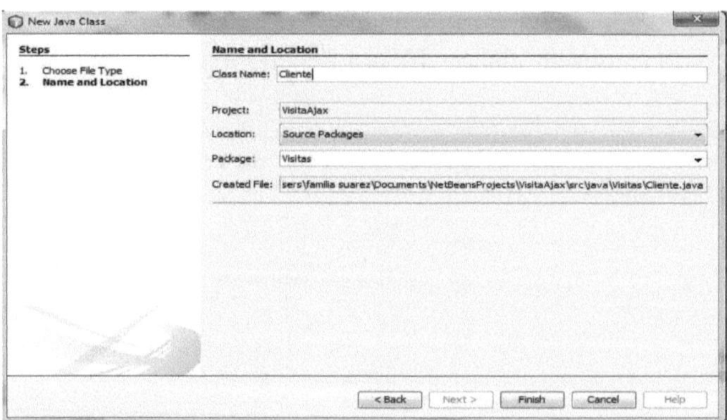

El contenido del archivo debe quedar así:

```
package Visitas;
public class Cliente {
 String cedula;
String nombre;
String zona;
String ciudad;
String fecha;
}
```

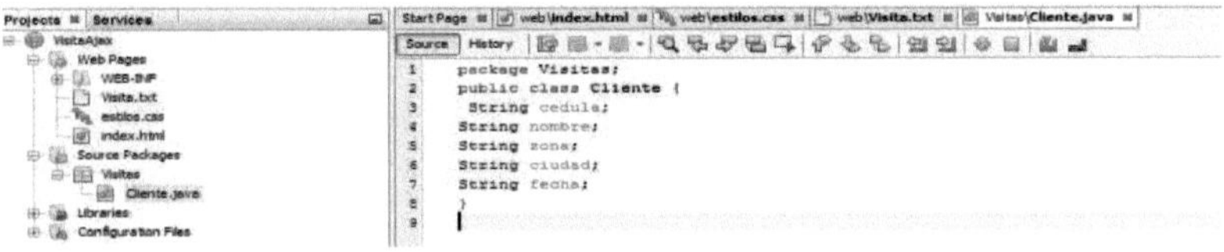

```java
package Visitas;
public class Cliente {
  String cedula;
String nombre;
String zona;
String ciudad;
String fecha;
}
```

CREACION DE CLASE Control

Sobre el paquete Visitas>>Mouse Derecho>>New>>Java Class

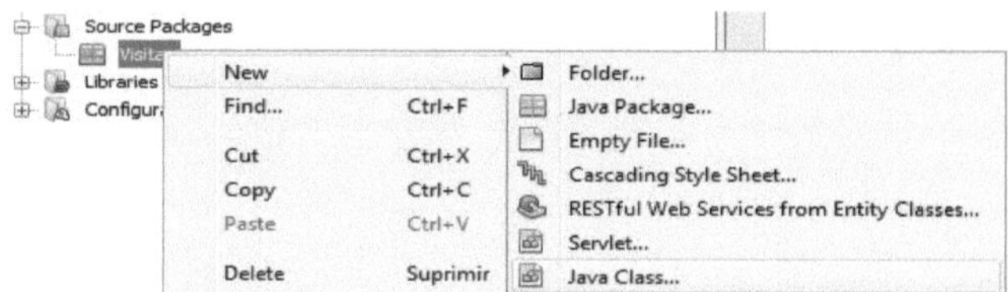

Nombre de Clase: Control. Boton Finish

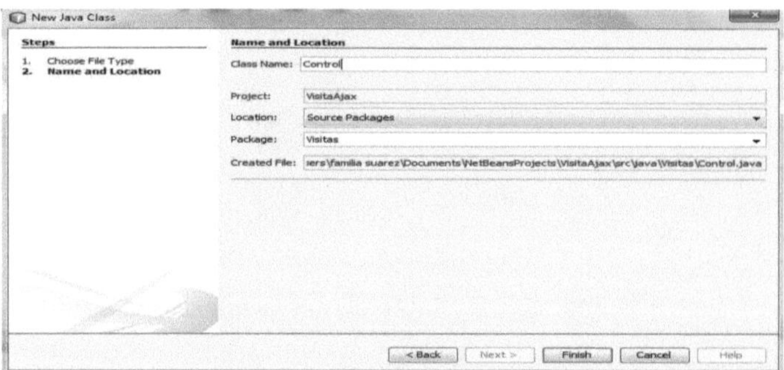

El contenido de la clase Control es el siguiente:

```java
package Visitas;
import java.util.*;
import java.io.*;
public class Control
{
    boolean esta=true;
Vector listado1=new Vector();
    Vector listado2=new Vector();
    Vector listado3=new Vector();
    Vector listado4=new Vector();
    Vector listado5=new Vector();
```

```java
    boolean bajarArchivo(String nomarch)
    {
    String Lee;
    StringTokenizer registro =null;
    File Fi = new File(nomarch );
    boolean esta=true;
    if (!Fi.exists())
         return false;
    try
    {
     BufferedReader Entrada = new BufferedReader( new FileReader( Fi ) );
     Lee = Entrada.readLine();
     Entrada.close();
    }
    catch(Exception e)
    {
     return false;
    }
    registro = new StringTokenizer(Lee,";");
    StringTokenizer campo;
    while (registro.hasMoreTokens())
     {
     campo = new StringTokenizer(registro.nextToken(),",");
     listado1.addElement(campo.nextToken());
     listado2.addElement(campo.nextToken());
     listado3.addElement(campo.nextToken());
     listado4.addElement(campo.nextToken());
     listado5.addElement(campo.nextToken());
     }
 return true;
}
String imprimir()
{
String Lista = "<table border=1>";
```

```java
Lista=Lista+ "<tr>";
Lista=Lista+ "<td> Cedula </td>";
Lista=Lista+ "<td> Nombre </td>";
Lista=Lista+ "<td> Zona </td>";
Lista=Lista+ "<td> Ciudad </td>";
Lista=Lista+ "<td> Fecha </td>";
Lista=Lista+"</tr>";
for ( int i = 0 ; i < listado1.size() ; i++ )
{
Lista=Lista+"<tr>";
Lista=Lista+"<td>"+listado1.elementAt(i)+"</td>";
Lista=Lista+"<td>"+listado2.elementAt(i)+"</td>";
Lista=Lista+"<td>"+listado3.elementAt(i)+"</td>";
Lista=Lista+"<td>"+listado4.elementAt(i)+"</td>";
Lista=Lista+"<td>"+listado5.elementAt(i)+"</td>";
Lista=Lista+"</tr>";
}
Lista=Lista+"</table>";
return Lista;
}
String registro(String ced)
{
int i=listado1.indexOf(ced);
if(i==-1)
 return imprimir();
String Lista = "<table border=1>";
Lista=Lista+ "<tr>";
Lista=Lista+ "<td> Cedula </td>";
Lista=Lista+ "<td> Nombre </td>";
Lista=Lista+ "<td> Zona </td>";
Lista=Lista+ "<td> Ciudad </td>";
Lista=Lista+ "<td> Fecha </td>";
Lista=Lista+"</tr>";
Lista=Lista+"<tr>";
Lista=Lista+"<td>"+listado1.elementAt(i)+"</td>";
Lista=Lista+"<td>"+listado2.elementAt(i)+"</td>";
```

```java
Lista=Lista+"<td>"+listado3.elementAt(i)+"</td>";
Lista=Lista+"<td>"+listado4.elementAt(i)+"</td>";
Lista=Lista+"<td>"+listado5.elementAt(i)+"</td>";
Lista=Lista+"</tr>";
Lista=Lista+"</table>";
return Lista;
}
}
```

```java
package Visitas;
import java.util.*;
import java.io.*;
public class Control
{
        boolean esta=true;
        Vector listado1=new Vector();
        Vector listado2=new Vector();
        Vector listado3=new Vector();
        Vector listado4=new Vector();
        Vector listado5=new Vector();
        boolean bajarArchivo(String nomarch)
        {
        String Lee;
        StringTokenizer registro =null;
        File Fi = new File(nomarch );
```

CREACION DEL SERVLET Visita

Selección Paquete Visitas>>New>>Servlet

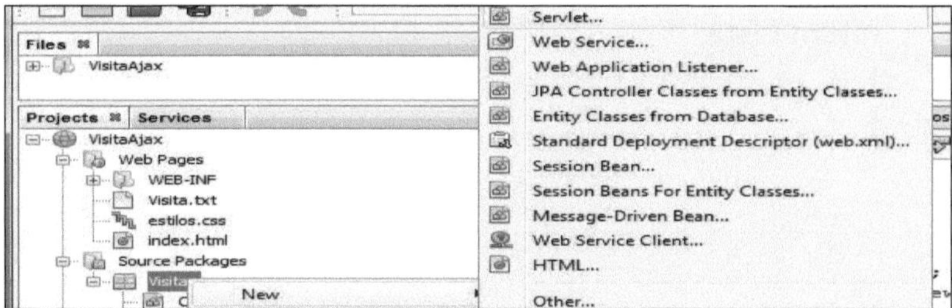

Nombre de Clase: Visita. Pulse el Botón Next

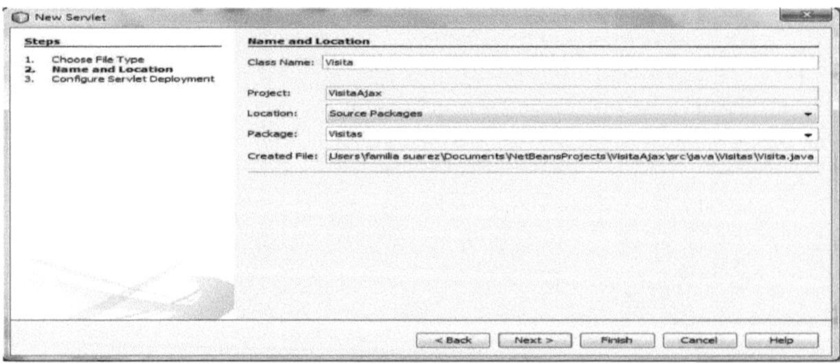

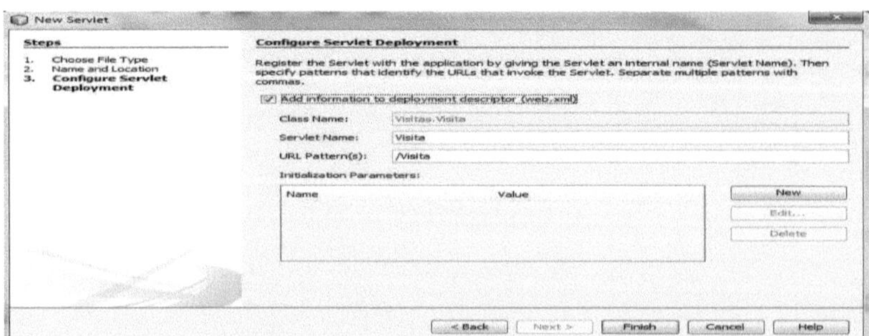

Cheque . Pulse Boton Finish

Edite el servlet Visita
Se debe adicionar el siguiente import
import javax.servlet.ServletContext;

```
⌐  import javax.servlet.ServletContext;
   public class Visita extends HttpServlet {
```

Coloque como Variables Globales
String cedula;
Control A;
ServletContext context;
String url;

```
public class Visita extends HttpServlet {
String cedula;
Control A;
ServletContext context;
String url;
protected void processRequest(HttpServletRequest request, HttpServletResponse response)
          throws ServletException, IOException {
```

Reemplace y coloque el código en el método protected void processRequest por

```
response.setContentType("text/html;charset=UTF-8");
context =(ServletContext) this.getServletContext(); // Se
obtiene el contexto del servlet
url = context.getRealPath("/")+"Visita.txt";// Se obtiene el
path de la aplicacion del servlet
cedula=request.getParameter("cedula");
if(request.getSession().isNew())
{
     A=new Control();
     request.getSession().setAttribute("TablaVisitas",A);
     System.out.println(url);
     if(!A.bajarArchivo(url))
```

```java
                    System.out.println("No subio Archivo");
}
else
{
        A =
(Control)request.getSession().getAttribute("TablaVisitas");
}
response.getWriter().write(A.registro(cedula));
```

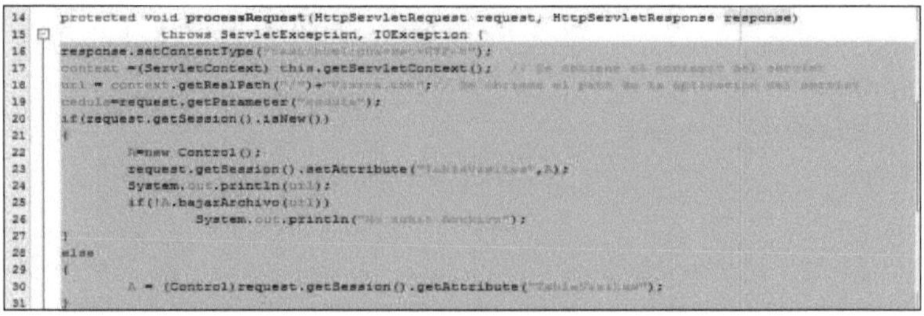

```java
14    protected void processRequest(HttpServletRequest request, HttpServletResponse response)
15            throws ServletException, IOException {
16    response.setContentType("text/html;charset=UTF-8");
17    context =(ServletContext) this.getServletContext();      // Se obtiene el contexto del servlet
18    url = context.getRealPath("/")+"Visitas.xml";   // Se obtiene el path de la aplicacion del servlet
19    cedula=request.getParameter("cedula");
20    if(request.getSession().isNew())
21    {
22            A=new Control();
23            request.getSession().setAttribute("TablaVisitas",A);
24            System.out.println(url);
25            if(!A.bajarArchivo(url))
26                    System.out.println("No subio Archivo");
27    }
28    else
29    {
30            A = (Control)request.getSession().getAttribute("TablaVisitas");
31    }
```

CONFIGURACIÓN XML.

De click sobre el archivo web.xml

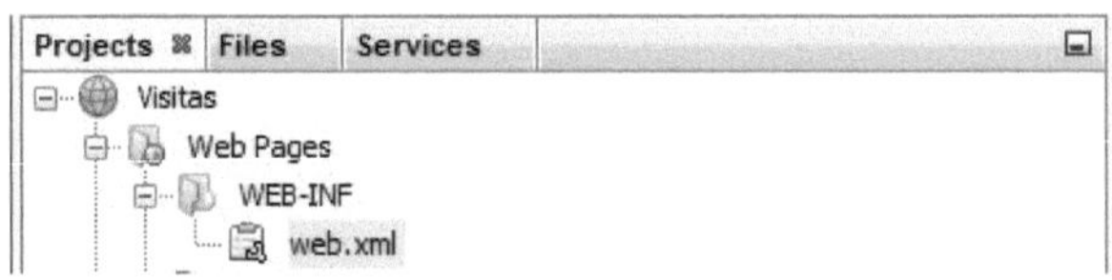

Si no existe web.xml vea el Anexo web.xml nuevo (página 38)
Pulse clic sobre la pestaña Pages

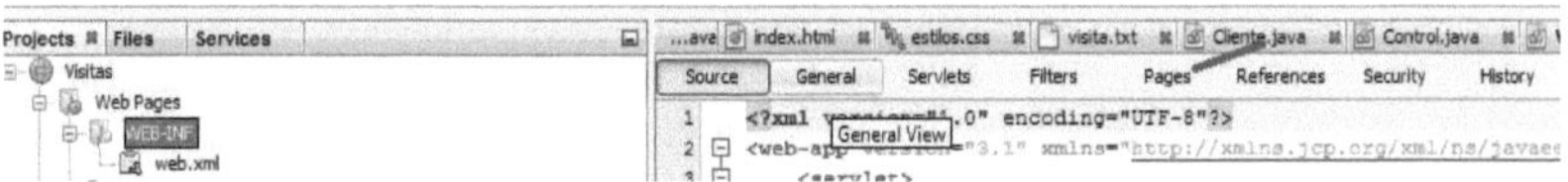

Pulse click sobre el Botón Browse

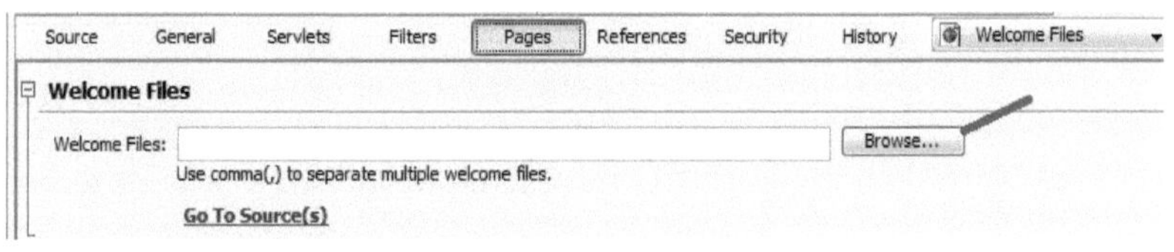

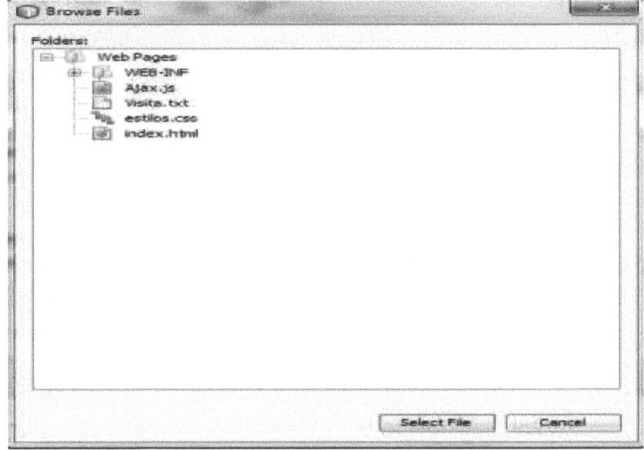

Se selecciona index.html y se pulsa el botón 

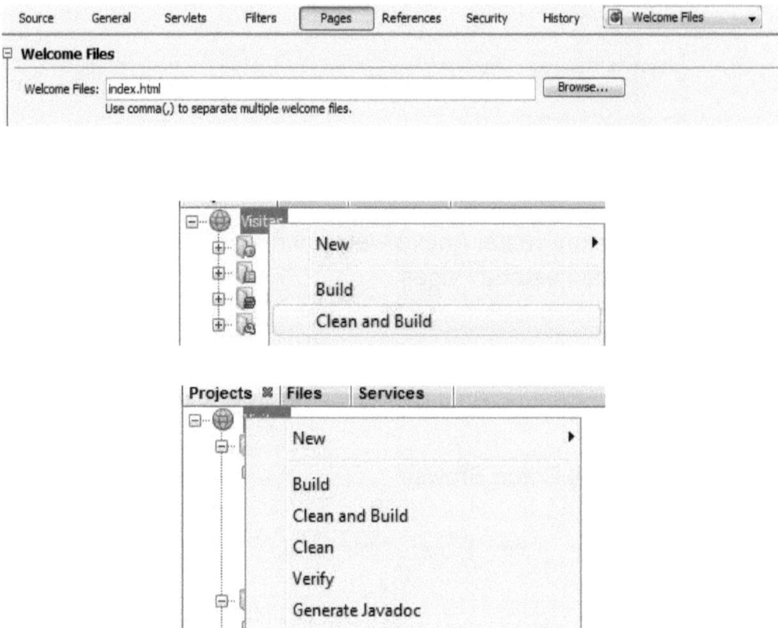

Ejecutar ▷ o F6

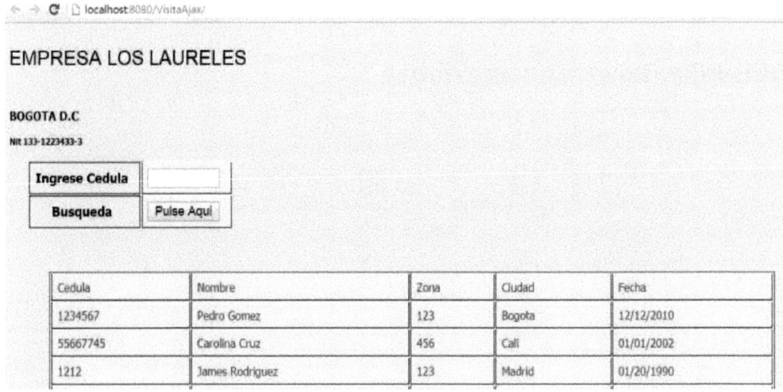

Cedula	Nombre	Zona	Ciudad	Fecha
1234567	Pedro Gomez	123	Bogota	12/12/2010
55667745	Carolina Cruz	456	Cali	01/01/2002
1212	James Rodriguez	123	Madrid	01/20/1990

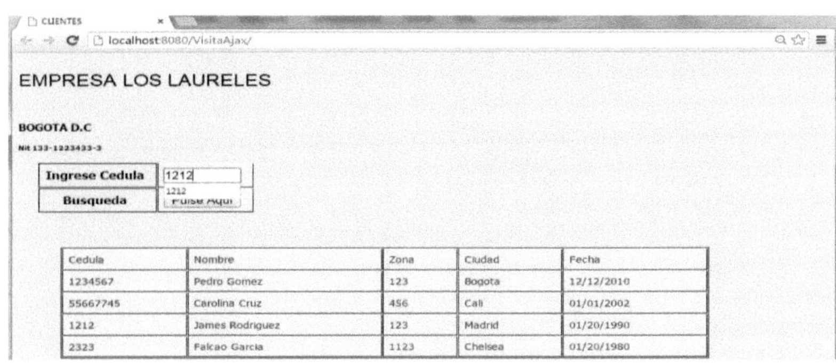

Cedula	Nombre	Zona	Ciudad	Fecha
1234567	Pedro Gomez	123	Bogota	12/12/2010
55667745	Carolina Cruz	456	Cali	01/01/2002
1212	James Rodriguez	123	Madrid	01/20/1990
2323	Falcao Garcia	1123	Chelsea	01/20/1980

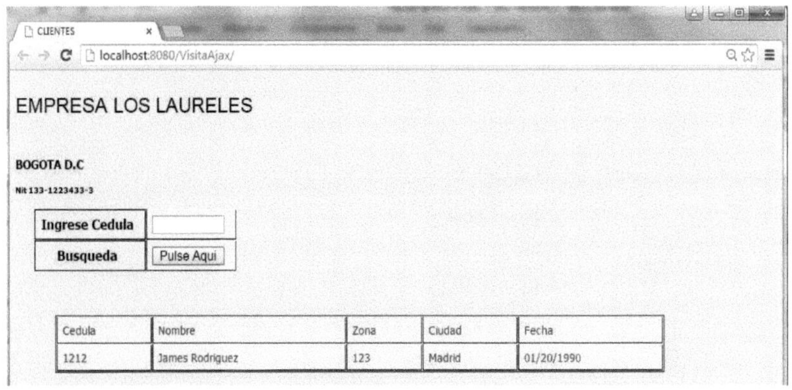

Cedula	Nombre	Zona	Ciudad	Fecha
1212	James Rodriguez	123	Madrid	01/20/1990

ANEXO. ADICION DEL SERVLET

WEB-INF>>New>>Other>>Web>>

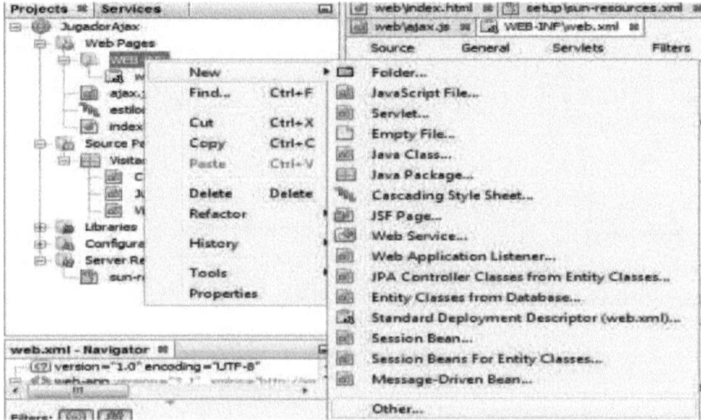

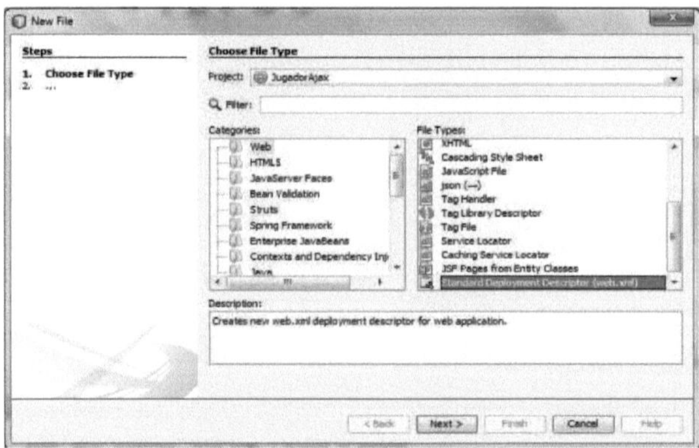

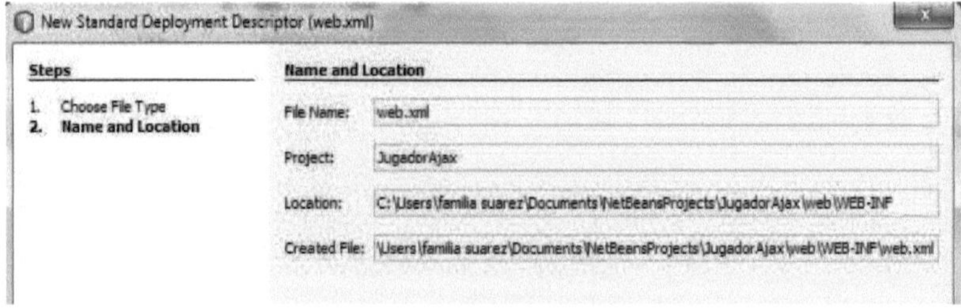

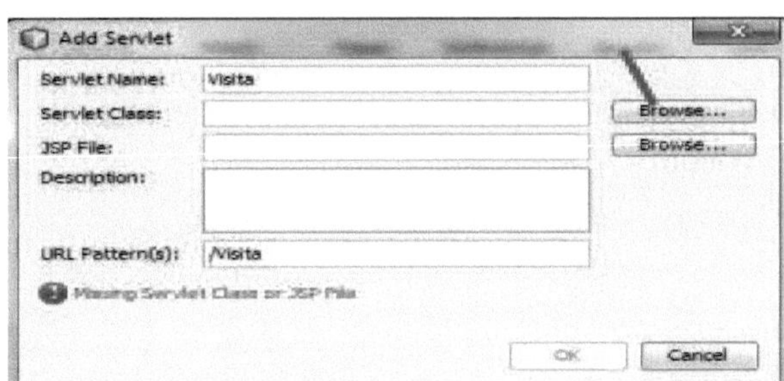

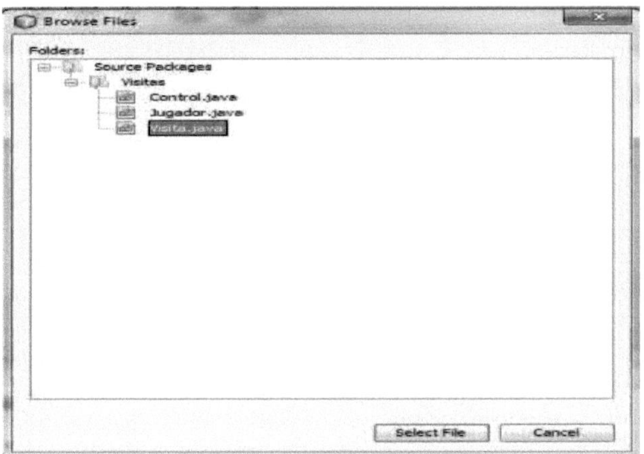

Select File

OK

ANEXO. EVENTOS EN JQUERY

Introducción a los eventos.

jQuery define una lista de eventos y funciones para la administración de los mismos, la sintaxis por defecto para un manejador de evento es de la siguiente forma `$.fn.nombreEvento`.

```
$('Selector').nombreEvento( function(){
    //funcion que administra el evento.
    //this es el elemento que disparo el evento.
} );
```

Aquí es importante resaltar que **this** contendra la instancia del elemento que disparo el evento, por ejemplos si a los enlaces(a) le agregamos el evento click, this contendra la instancia del enlace especito sobre del cual hallamos hecho click, analice el siguiente codigo.

Codigo HTML

```
<a class='testClick' href='#'>enlace 1</a>
<a class='testClick' href='#'>enlace 3</a>
<a class='testClick' href='#'>enlace 2</a>
```

Código jQuery

```
$('a.testClick').click( function(){
    console.log( $(this).text() } );
```

ANEXO ANATOMIA CSS

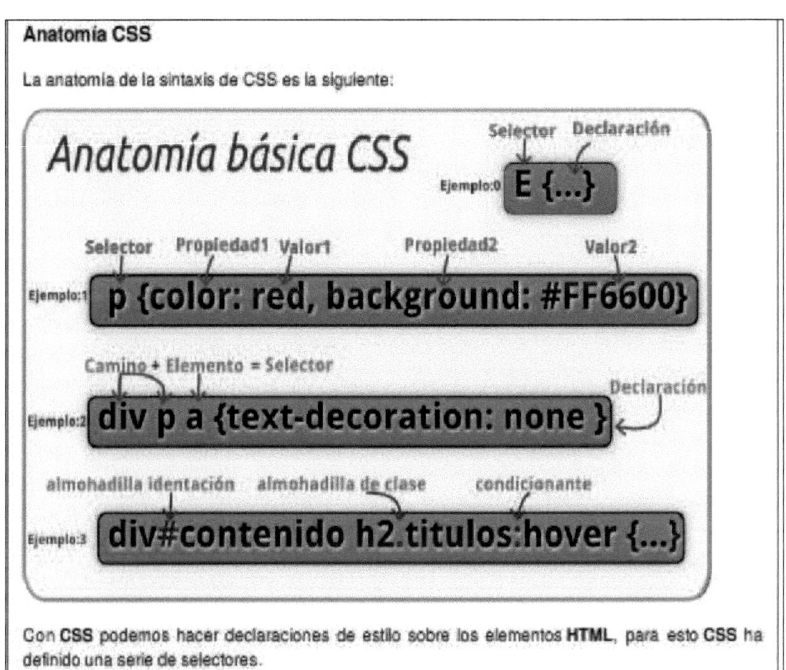

Buy your books fast and straightforward online - at one of world's fastest growing online book stores! Environmentally sound due to Print-on-Demand technologies.

Buy your books online at
www.morebooks.shop

¡Compre sus libros rápido y directo en internet, en una de las librerías en línea con mayor crecimiento en el mundo! Producción que protege el medio ambiente a través de las tecnologías de impresión bajo demanda.

Compre sus libros online en
www.morebooks.shop

KS OmniScriptum Publishing
Brivibas gatve 197
LV-1039 Riga, Latvia
Telefax: +371 686 204 55

info@omniscriptum.com
www.omniscriptum.com

Printed by Books on Demand GmbH, Norderstedt / Germany